Sagenhafte
NORDWELT

VON MYTHISCHEN ORTEN,
LEGENDÄREN HELDEN UND
GEHEIMNISVOLLEN SAGAS

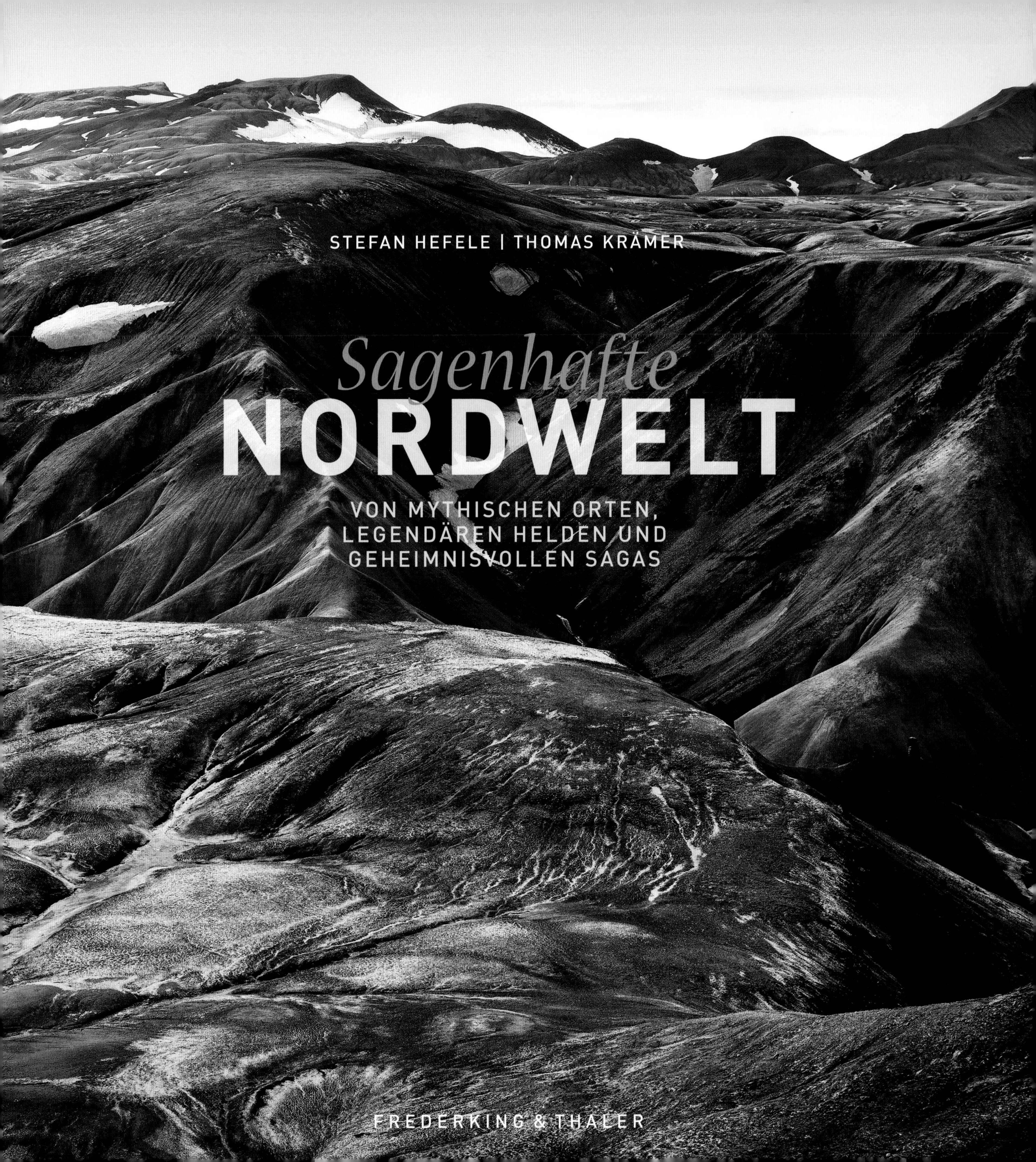

STEFAN HEFELE | THOMAS KRÄMER

Sagenhafte NORDWELT

VON MYTHISCHEN ORTEN, LEGENDÄREN HELDEN UND GEHEIMNISVOLLEN SAGAS

FREDERKING & THALER

INHALT

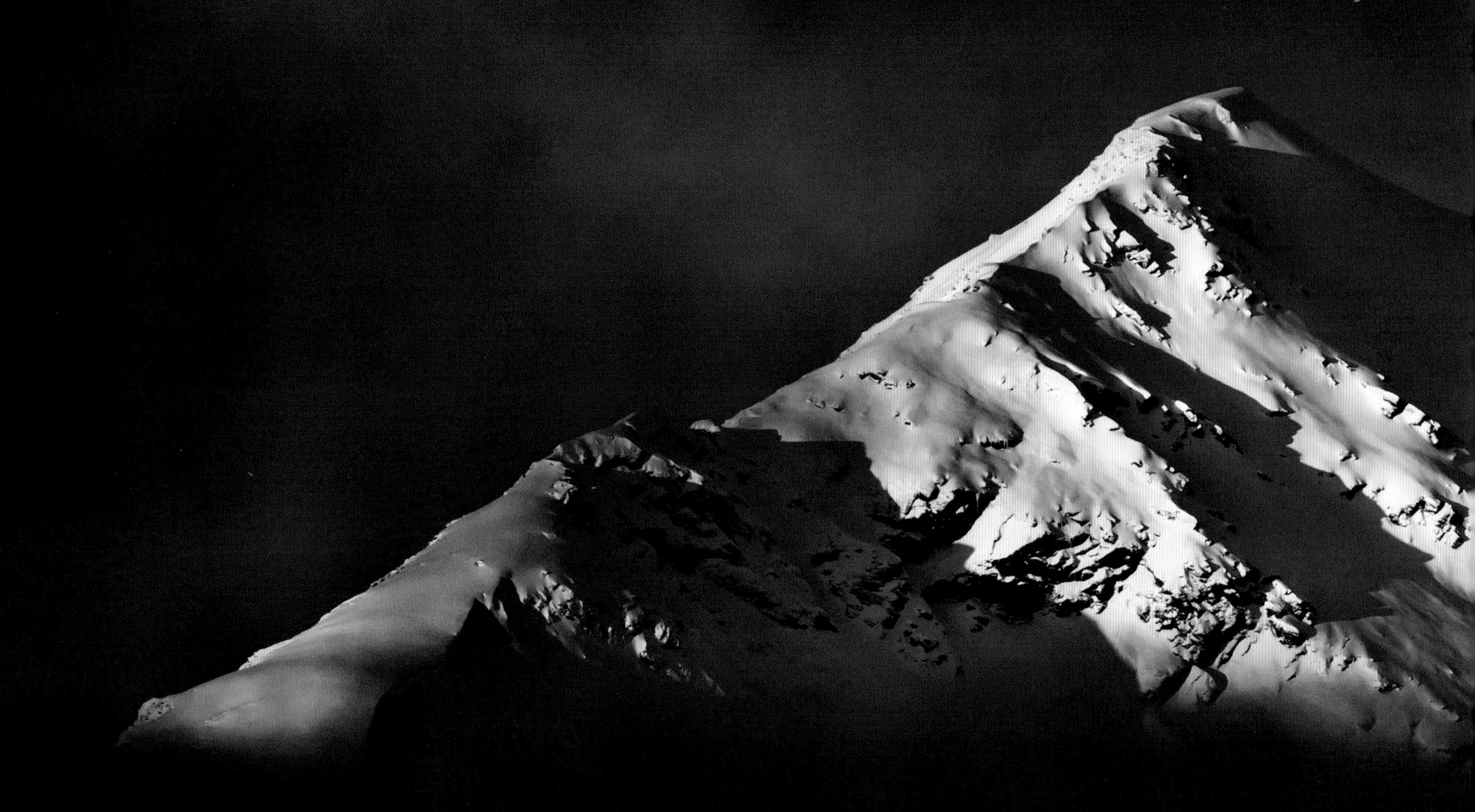

EINLEITUNG
Sagenhaftes Nordeuropa 14

NORWEGEN 23
Mythen zwischen Meer und Gipfeln 24

SCHWEDEN 59
Fabelwesen im John-Bauer-Wald 60

FINNLAND 79
Sagen im Land der Seen 80

ISLAND 97
Feuer, Eis und Sagen 98

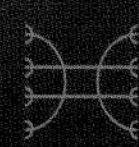
FÄRÖER 147
Abgelegene Sagenwelt im Nordatlantik 148

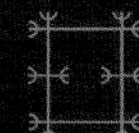
SCHOTTLAND 173
Mythen zwischen Ruinen und Meeresküsten 174

IRLAND 203
Insel voller Mythen und Legenden 204

MAKING OF
Meine Reise zum Mythos Norden 232

Übersichtskarte 234
Ortsregister 236
Impressum 240

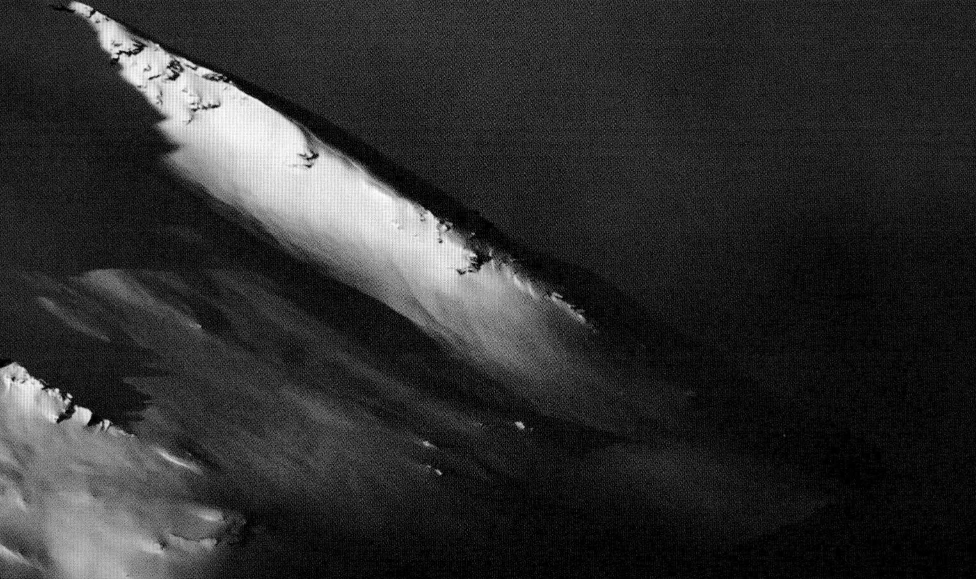

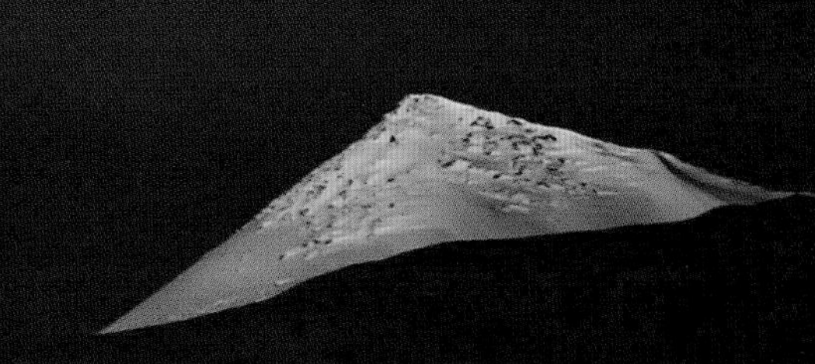

SAGENHAFTES NORDEUROPA

Ein Paradies, in dem die Menschen weder Alter noch Krankheit kennen und sich mit Tanz, Gesang, Flöte und Leier den Tag vertreiben. So wird in der griechischen Antike Hyperborea beschrieben. Ein sagenhaftes Land, jenseits des Nordwinds gelegen, nach anderer Deutung auch jenseits der Berge – auf den Britischen Inseln, vielleicht Skandinavien oder auch auf Thule, einer Insel am Nordrand der Welt. Das ist die Region, um deren Mythen und Sagen es in diesem Buch gehen soll und die – mit Ausnahme der Britischen Inseln – für das restliche Europa über viele Jahrhunderte ein geheimnisvoller Ort war, über den man kaum etwas wusste. Denn erst ein halbes Jahrtausend später kommt ein Römer der Realität ein Stück näher.

»Nur in Sicht kam Thule, weil der Auftrag nur so weit reichte und überdies der Winter nahte.«

(Beschreibung des Historikers Tacitus – um das Jahr 100 n. Chr. –, nachdem eine römische Flotte die Orkney-Inseln umsegelt hatte.)

Der von Tacitus erwähnte Winter, überhaupt die Jahreszeiten haben das Leben der Menschen im Norden Europas stark geprägt. Mal mehr – wie im kontinental geprägten schneereichen Skandinavien – mal weniger wie auf den vom Atlantik umspülten Britischen Inseln, den Färöern oder auch dem noch weiter nördlich gelegenen Island. Mächtig, manchmal auch übermächtig präsentiert sich die Natur, wenn die Herbststürme die Atlantikwellen an die Küste werfen, das mystische Nordlicht in der Polarnacht die schneebedeckte Landschaft erleuchtet, ein warmer Lufthauch das Eis auf den Seen binnen weniger Tage bricht und im Sommer keine Sterne zu sehen sind, weil es schlicht nicht mehr dunkel wird. All diese Extreme haben natürlich die Mythen Nordeuropas beeinflusst.

In Norwegen und Schweden wird man sehr oft den Trollen begegnen, die die alten Sagen und heute die Souvenirshops beherrschen. Sie gehen auf die nordische Mythologie zurück und hausten ursprünglich in der Außenwelt Utgard, wurden von den Menschen dann vor allem in den dichten Wälder Nordeuropas verortet. Nisse genannte Kobolde suchten dagegen die Nähe zu den Menschen und schützten das Vieh auf dem Hof, waren gutmütig, solange sie respektiert wurden. Und in Island existiert der Glaube an ein Elfenreich immer noch, was auch beim Straßenbau berücksichtigt wird. Greisenhafte, kleine und grün gewandete Wesen sind es, die als Leprechaun die irische Sagenwelt beleben. Und in Schottland schließlich sind es Kelpies, die als Wassergeister dem Menschen oft Böses wollen. Natürlich darf auch das Ungeheuer von Loch Ness nicht vergessen werden.

Die Geschichte hat die Länder Nordeuropas näher aneinandergerückt. Aus dem heutigen Norwegen und Schweden kamen Siedler, die nicht nur ihre Habseligkeiten, sondern auch ihren Glauben, ihre Geschichte und ihre Sagen mit in die neue Heimat auf die Färöer-Inseln oder nach Island brachten. In der nordischen Mythologie – die der germanischen ähnlich ist – lebten und herrschten in Asgard Götter wie Thor, Odin oder Freya, während die Menschen in Midgard zu Hause waren. Die Verbindung zwischen ihnen schuf die Bifröst genannte regenbogenartige Brücke. Im benachbarten Finnland hingegen kommt die Mythologie der finno-ugrischen Völker dazu, die sich von der nordischen Mythologie unterscheidet und zudem Elemente aus der samischen Sagenwelt aufnimmt. Die Welt entstand hier aus den Eiern einer Ente.

Schottland und Irland sind dagegen von den Mythen der Kelten geprägt, wenngleich sich in beiden Ländern unterschiedliche Sagenwelten entwickelten. Diese wurden anfangs vor allem von Druiden mündlich weitergegeben und sind nur bruchstückhaft erhalten.

Die Christianisierung erfolgte deutlich früher als in Skandinavien, Mönche notierten die alten Mythen und veränderten diese aus ihrer christlichen Einstellung heraus, sodass der alte heidnische Glaube und die christliche Religion vermischt wurden.

Norwegen, das sind seine Hochgebirge und tiefe Fjorde, weite Freiflächen und felsige Küsten, Inseln und Archipele, üppiges Ackerland und Moore. Das Meer umspült die norwegischen Küsten im Norden, Westen und Süden. Norwegen ist Mitternachtssonne und Polarnacht, strenge Winter und milde Winter, heiße Sommer und kalte Sommer. Norwegen ist ein langes und dünn besiedeltes Land. Vor allem aber sind es die Menschen.

König Harald V. von Norwegen, 2016

Die mächtige Natur in den Bergen des Romsdalen △

GEFRORENER MOMENT

Im Süden Islands spielt die bekannte Njáls Saga. Darin führt der Streit zwischen den einst befreundeten Familien von Njáll Þorgeirsson und Gunnar Hámundarson dazu, dass das Haus von Njáll angezündet wird. ▽▽

LANDMARKE DER WIKINGER

Knapp 50 Meter hoch sind die Felsnadeln »Old Man of Storr« auf der Insel Skye an der Westküste Schottlands. Die Wikinger nutzten die markante Felsformation als Landmarke. △

BRANDUNG MIT BERGBLICK

Trotz seiner Lage friert das Meer im Norden Norwegens auch im Winter nicht zu. Grund dafür ist der Golfstrom, der das warme Wasser aus der Äquatorregion in die Arktis bringt. ▽▽

NORWEGEN

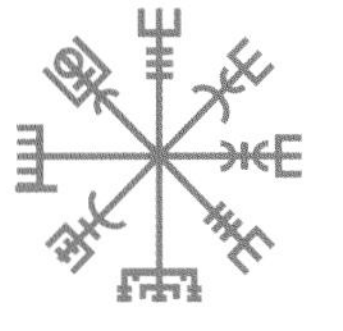

SCHLEIERTANZ AM NORDHIMMEL

In den langen und dunklen Winternächten erleuchtet das Polarlicht die verschneite Landschaft im Norden Norwegens.

MYTHEN ZWISCHEN MEER UND GIPFELN

Norwegens Natur gilt als sagenhaft: Fjorde, die sich weit ins Land erstrecken und an ihrem Ende vom Gebirge »umarmt« werden. Gletscher, deren eisiger Hauch über das Land weht, fruchtbares Land, auf dem Feldfrüchte angebaut werden und Kühe, Schafe und Ziegen grasen.

Norwegen ist aber auch in anderer Hinsicht sagenhaft. Denn die in vielerlei Hinsicht überwältigende Natur hat die an den Küsten oder im Landesinneren lebenden Menschen über Generationen geprägt, sie auch angesichts der übermächtigen Kräfte ein Stück weit Demut gelehrt. Da ist das Meer, das die Küstenbewohner immer ein wenig zwiespältig betrachteten. Ohne den nach Norden strömenden warmen Golfstrom wäre das Klima hier deutlich lebensfeindlicher, liegt doch der Norden des Landes in etwa auf Höhe des grönländischen Eispanzers. Und das Meer selbst spendete Nahrung, war zudem ein wichtiger Transportweg, auf dem man meist deutlich einfacher vorankam als über das gebirgige Land. Gleichzeitig nahm das Meer Leben, ließ bei Sturm die Boote kentern oder an den steilen Klippen zerschellen. Ähnlich die Situation an Land mit seinen grünen Wiesen und Wäldern, aber auch eisigen Gletschern und hohen Bergen, Fjell genannt. Diese Extreme in der Natur, die man nur in wenigen anderen Regionen in der Welt auf engstem Raum so vorfindet, haben ihre Spuren in den Sagen und Legenden hinterlassen.

NISSEN UND TROLLE

Da ist es kein Wunder, dass die alten Erzählungen von geheimnisvollen Wesen berichten, die dem Menschen mal friedlich, mal feindselig gegenüberstehen. Der Nisse ist eine Figur, die meistens als alter Mann mit Bart dargestellt wird, aber lediglich so groß wie ein Kind ist und eine auffallende rote Mütze trägt. Eigentlich ist der Nisse ein gutmütiger Kobold, der in der Nähe der Menschen lebt, auf Haus und Hof aufpasst und sich um das Vieh kümmert – solange man ihn gut behandelt. Doch wehe, er fühlt sich missachtet, dann treibt er seinen Schabernack oder zieht von dannen. Ebenfalls allgegenwärtig in norwegischen Sagen und Märchen ist Askeladden, eine fiktive Figur, die aus vielen Märchen als Gewinner hervorgeht. So bringt er in einem Märchen mit einer List einen bösen Troll dazu, sich selbst den Bauch aufzuschlitzen, wodurch er diesen besiegt, was seinen beiden älteren und stärkeren Brüdern misslungen war.

Und natürlich sind da die Trolle, die bekanntesten Fabelwesen der nordischen Mythologie, an denen man in keinem Souvenirladen vorbeikommt. Eigentlich hausen sie zusammen mit den Riesen im von Utgardloki beherrschten Utgard, dort, wo weder Menschen noch Götter leben – die sind ja in Midgard und Asgard zu Hause. Sie erscheinen in unterschiedlichen Formen in vielen Volksmärchen wie denen von Peter Christen Asbjørnsen. Olav der Heilige, der den Norwegern das Christentum näherbringen wollte, hat Trolle zu Stein verwandelt, wie eine Wandmalerei aus dem 15. Jahrhundert zeigt. Und auch der Schriftsteller Henrik Ibsen weist Trollen in seinem Drama *Peer Gynt* eine Rolle zu:

»Trolle: Töte ihn! Der Sohn des Christen hat die schönste Tochter unseres Königs versucht! Töte ihn! Töte ihn!
Lass mich ihn an den Fingern zerschneiden!
Darf ich ihm die Haare ausreißen?
Lass mich ihn auf den Arsch beißen!
Lass mich ihn zur Brühe kochen!
Soll er auf einen Spieß anstoßen oder in einem Kessel gebräunt sein?
Bergkönig: Oh seid still!«

UNBEKANNTES LAND

Diese alten Geschichten haben sich lange gehalten, da Norwegen sehr isoliert lag. Und wenn schon den Einheimischen ihre Heimat bisweilen als so geheimnisvoll erschien, wie sollen erst die darüber gedacht haben, die die Region nur aus Erzählungen kannten?

Ewigkeitsamen sind wir, die leben.
Im Schöpfungstage Wurzeln unsre Gedanken,
sie schweben, Antwort wie Frage Saatenvoll,
Über dem ewigen Grunde;
Frohlocken drum soll, wer in einer schwindenden Stunde
Mehrte die Erbschaft der Ewigkeit.

Bjørnstjerne Bjørnson (1832–1910),
norwegischer Dichter und Nobelpreisträger

Nahezu senkrecht steigen die Wände der Trolltindene aus dem Romsdalen
in den von Winden zerzausten Himmel. △

Auch Schriftsteller bedienten sich des Mysteriums Nordeuropa in ihren Werken. So bringt Edgar Allan Poe in einer seiner Erzählungen seinen Lesern den Schiffe und Menschen verschlingenden Mahlstrom auf den Lofoten mit folgenden Zeilen gruselig näher:

»Nie werde ich dieses Gefühl der Ehrfurcht, des Schreckens und der Bewunderung vergessen, womit ich um mich blickte. Das Boot schien auf halbem Wege nach unten zu hängen, wie von Zauberhand gehalten an der inneren Wand eines Trichters riesigen Umfangs und gewaltiger Tiefe, dessen makellos glatte Seiten man irrtümlich für Ebenholz hätte halten können …«

AM ENDE EIN WIKINGER

Lange gehalten haben sich die nordischen Mythen im Land. Über den Köpfen der alten Norweger schwebten bis zur Christianisierung die nordischen Götter, die mit denen der Germanen und Kelten vergleichbar sind, sich aber natürlich regional ein wenig verändert haben. Die Weltenesche Yggdrasil verband Unterwelt, Erde und den Himmel, wo die Götter lebten. Odin zum Beispiel, der im Mythos den Dichtermet nach Asgard zum Göttergeschlecht der Asen bringt und nicht nur als Gott der Dichtung und Magie, sondern auch des Krieges und des Todes gilt. Oder auch Thor, der als kreativer und weiser Gott sowie Anführer und oberster Feldherr gesehen wird. Doch so sehr sich diese mächtigen Götter zusammen mit ihren Mit-Göttern bemühten, konnten sie das von den drei Schicksalsgöttinnen Urd, Werdandi und Skuld am Fuße der Weltenesche gewebte Schicksal nicht verändern.

Erst ein Wikinger sollte seinen Göttern den Anfang vom Ende bereiten. Olav fuhr schon als junger Mann zur See, war dabei, als seine Landsleute um das Jahr 1000 herum England angriffen. 1014 wurde er in Rouen getauft und brachte den neuen Glauben mit in seine Heimat, wo er vom Thing zum König gewählt wurde und das Christentum verbreiten wollte. 1030 fiel er in der Schlacht bei Stiklestad und wurde ein Jahr später heiliggesprochen.

»Solchergestalt kam es dahin, dass alle bejahten, was der König gebot. Alles Thinvolk wurde nun getauft, bevor der König von dannen schied.«

(Snorri Sturluson, 1179–1241, *Heimskringla, Sagen der Könige Norwegens*)

Genau dieser Chronist jedoch verweist auf die Gefahren der alten Sagen für die Christenmenschen, mahnt jedoch in seiner *Lehre der Dichtersprache*, dem dritten Teil der *Snorra-Edda*, gleichzeitig davor, die alten Geschichten zu vergessen.

Alle in Norwegen sind fromme Christen, abgesehen von denen,
die im äußersten Norden am Meer leben.
Diese sind heute noch so bewandert in Zauberkünsten und Beschwörungen,
dass sie behaupten zu wissen, was ein jeder auf der ganzen Welt unternehme.
Indem sie Worte mit Zauberkraft murmeln, ziehen sie große Meerestiere an den Strand.

Adam von Bremen, 1044– ca. 1080

Blick über den Ørnfjord im Norden der Insel Senja ▷

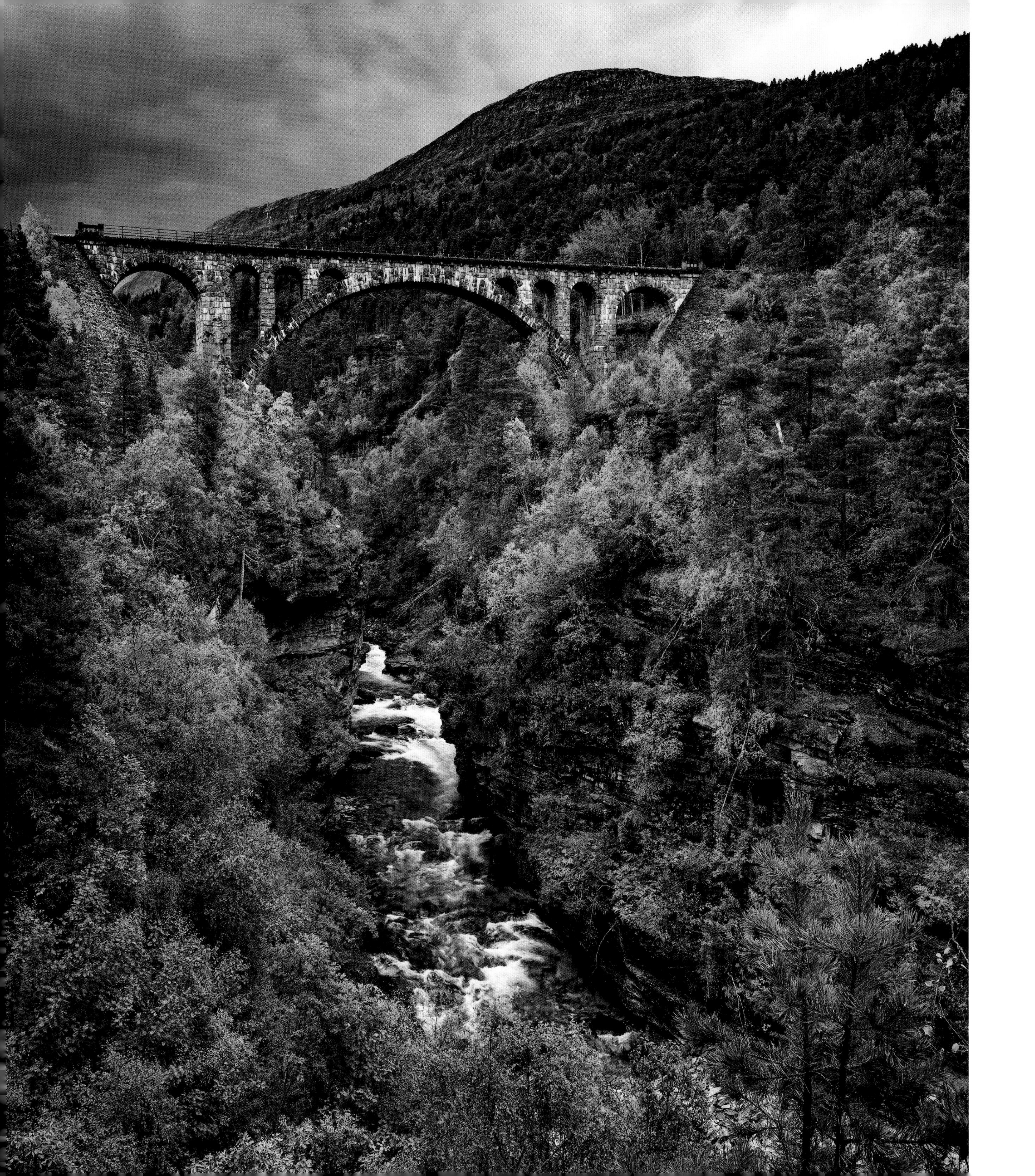

ZEUGE EINER LÄNGST VERGANGENEN ZEIT

Als Symbol für Norwegen gelten die aus Holz gebauten Stabkirchen, von denen es einst vermutlich rund 750 gab. Gemeinsam ist diesem Baustil, dass das Dach auf senkrecht stehenden Masten ruht. Die meisten dieser in der Übergangszeit zum Christentum entstanden Gotteshäuser wurden jedoch abgerissen oder brannten ab, sodass man heute im Land nur noch 33 Stabkirchen findet. Die größte davon steht in Heddal in der südnorwegischen Provinz Telemark. △
Steinerne Ästhetik: Seit einem Jahrhundert überspannt die Kylling bru den Fluss Rauma in Mittelnorwegen. ◁

Schlaf, schlaf mein Kind. Morgen kommt Finn, dein Vater,
Mit der Sonne und dem Mond oder mit dem Herz von einem Christen
zum Spaß und als Spielzeug für das Kind.

Alte Sage

MORGENIDYLLE

Das Innerdalen im mittelnorwegischen Fjordland gilt für viele als eines der schönsten Täler des Landes. Hier spiegeln sich schroffe Berggipfel im ruhigen Wasser der Seen, fliegen Vögel von Ast zu Ast im lauschigen Birkenwäldchen, kann man mit etwas Glück auch einmal einen Elch auf einer Lichtung beobachten oder einen Adler am Himmel kreisen sehen. Die Vorvordern begegneten hier jedoch auch noch ganz anderen Wesen, wie in alten Schilderungen zu lesen ist: Huldrefrauen auf der Suche nach einem wackeren Mann oder gruseligen Würmer, die ihren Fänger mit in das eigens für sie gelegte Feuer nahmen. ▷

Was für Wurzeln und Stämme sprießen.
Dort aus zerklüftetem Grund?
Das sind Riesen mit Reiherfüßen!
Da schluckt sie schon wieder ein Schrund.

Henrik Ibsen, *Peer Gynt*

INSPIRIERENDES GEBIRGE

Rondane ist der älteste Nationalpark Norwegens. Das Gebirge zieht schon seit vielen Jahrhunderten Künstler in seinen Bann. Bekannt ist die im mystischen blauen Licht gehaltene »Vinternatt i Rondane« (»Winternacht in Rondane«) des norwegischen Malers Harald Sohlberg (1869–1935). Auch der Sagen-Sammler Peter Christen Asbjørnsen durchstreifte Mitte des 19. Jahrhunderts das karge Gebirge und ließ sich von den Bewohnern alte Geschichten rund um Rondane erzählen. Darunter war auch die Sage von Peer Gynt, die Henrik Ibsen 1867 zu seinem Gedicht *Peer Gynt* inspirierte. ▽▽

LINDWURM INS FJELL

Der heutige Trollstigen ist eine alte Verbindung zwischen Valldal und Åndalsnes. Schon 1533 gab es hier einen markierten Pfad, Anfang des 20. Jahrhunderts wurde dieser zu einem beschwerlichen Reitweg ausgebaut. 1936 nahmen erstmals Autos die erneut ausgebaute Passstrecke, die in engen Kehren eine Höhendifferenz von 405 Metern überwindet und letztlich auf 850 Meter über dem Meer hinaufführt. Die Verbindung wird auch Trollstigen genannt und gilt seit 2012 als Nationale Touristenstraße, die von jährlich mehr als einer halben Million Kraftfahrzeugen befahren wird. Das Trollstigheimen, ein Gasthaus am höchsten Punkt des Übergangs, wurde 1963 von einer Lawine weggefegt und nie wieder aufgebaut.

DÜSTERSCHLUCHT

Über insgesamt 183 Meter stürzt der Vøringsfossen am Westrand der Hardangervidda in ein enges Tal. Zweifellos eine der größten Attraktionen in Norwegen, die bis ins frühe 19. Jahrhundert außer den Einheimischen kaum jemandem bekannt war. Als der Wissenschaftler Christopher Hansteen 1821 in die Gegend kam, bewunderte er mehrere hohe Wasserfälle. »Das ist gar nichts«, sagten seine beiden ortskundigen Führer. »Wir zeigen dir einen Wasserfall, der mindestens 300 Meter hoch ist.« Das hielt der Professor zwar für übertrieben, folgte ihnen aber trotzdem. Umso mehr war er beeindruckt, als er an dem gewaltigen, damals noch nicht regulierten Wasserfall stand. Per Steinwurf ermittelte er seine Höhe auf – nicht ganz wahre – 280 Meter.

HEIM DER RIESEN

Wolken ziehen durch ein Hochtal im Jotunheimen, dem höchsten Gebirge Skandinaviens mit dem Galdhøpiggen als 2469 Meter hohen Spitzenreiter. Der Name des Gebirges geht auf den Dichter Aasmund Olavsson Vinje zurück, der nicht nur das Nynorsk, eine der beiden offiziellen Sprachen Norwegens, verbreitete, sondern 1862 auch den Begriff »Heim der Riesen« prägte, einen Begriff aus der altnordischen Mythologie.

Nörfi oder Narfi hieß ein Riese, der in Riesenheim hauste.
Er hatt' eine Tochter namens Nacht …
In zweiter Ehe war sie verheiratet mit einem,
der Ánnar hieß. Jörð (Erde) hieß ihre Tochter.

Snorri in *Gylfaginning*, Kap. 10

TUMMELPLATZ DER TROLLE

Nahezu senkrecht steigen die Wände der Trolltindene aus dem Romsdalen in den von Winden zerzausten Himmel. Schöpfer dieser Landschaft waren die mächtigen Gletscher, die wie ein Bildhauer die u-förmigen Täler mit den glatt geschliffenen Wänden aus dem Gestein geschnitten haben. Beeindruckend ist der Trollvegen, eine 1700 Meter hohe Steilwand mit einem 1000 Meter hohen lotrechten, ja sogar überhängenden Teil. Trolle sind ein fester Bestandteil der nordischen Mythologie und bezeichnen Fabelwesen, die eine menschenähnliche Gestalt haben. Schon der norwegische Schriftsteller und Sammler nordischer Sagen, Peter Christen Asbjørnsen (1812–1885) ließ Trolle in seinen *Norwegischen Volksmärchen* ihr Unwesen treiben.

URLANDSCHAFT

Viele Hundert Meter mächtige Gletscher haben während der letzten Eiszeit das Gesicht Norwegens geformt. Das abgelegene, vom größten Gletscher auf dem europäischen Festland dominierte Tal ist Schauplatz etlicher Sagen. Die bekannteste von ihnen ist die – allerdings nicht wahre – Geschichte um Jostedalsrypa, ein Mädchen, das als Einzige die Pest überlebt haben soll. Einwohner aus dem Tal kamen auf ihre Spur im Schnee, als sie nach dem Ende der Seuche in das isolierte Tal wanderten, um nach Überlebenden zu suchen. »Mutter, weißes Schneehuhn« (»Mor, vetle rjupa«), waren die einzigen Worte, die sie sagen konnte. Ihre Mutter hatte sie in ein Federbett gelegt, bevor sie starb, weshalb aus ihrem Rücken Federn gewachsen sein sollen.

ARKTISCHES HERRSCHERSYMBOL

Sterne funkeln über dem markanten Gipfel des Romsdalhornet. Auf seinem Gipfel soll der Norweger Randers Heen im Zweiten Weltkrieg die norwegische Flagge gehisst haben, was von den deutschen Besatzern streng verboten war. △

FELSTURM UNTER FUNKELNDEN STERNEN

Wie die Zacken aus einer Krone eines mythischen Königs ragen die Felstürme des 738 Meter hohen Inste Kongen im Norden der Insel Senja in den Himmel. ▷

TRÜGERISCHE IDYLLE

Rorbuer – Rudererhütten – heißen die kleinen Häuser, die vor allem auf den Lofoten direkt am Ufer stehen. Hier übernachteten die Männer, die seit Jahrhunderten von Februar bis April auf den Archipel im Norden Norwegens kommen, um Dorsche zu fangen. Viele bezahlten dies mit ihrem Leben, wenn heftige Stürme die Boote kentern ließen oder sie an den unzähligen Klippen zerschellten. Heute werden die Rorbuer an Touristen vermietet, die in dieser Idylle ihre Ferien verbringen.

Das Elend, das diese armen Leute um ihres Auskommens willen auf sich nehmen, ist unbeschreiblich.

Beschreibung aus dem 17. Jahrhundert

SURFERS PARADIES

Sogar im Winter kann man an der nordnorwegischen Küste Surfer beobachten, die im Neoprenanzug dem eiskalten Wasser trotzen. ▽▽

MENSCHENWERK IN NATURLANDSCHAFT

Die »Stenkirka« in der Nähe von Evenes wurde vom dänischen Künstler Bjørn Nørgaard gestaltet und gehört zur »Skulpturenlandschaft Nordland«. Das Innere ist mit Zeichnungen versehen, die dort wohnende Menschen, aber auch heimatlose Seelen darstellen. △

EROSION ALS SKULPTURENBILDNER

Die Lofoten bestehen aus mehreren Inseln, zwischen denen das Meerwasser im Laufe der Gezeiten hin- und herströmt und dabei Wasserwirbel erzeugt. Der Moskenstraumen hat es sogar in die *Edda* geschafft, eine Sammlung skandinavischer Götter- und Heldensagen. In einer Sage um den dänischen König Fróði wird erklärt, warum das Meer salzig ist. Demnach ließ dieser von zwei Riesinnen eine Handmühle bedienen, mit der sich alles herbeimahlen lässt – Gold, aber auch Reichtum und Erfolg. Die beiden Damen konnten, mussten für ihre Befreier Unmengen an wertvollem Salz mahlen. Wegen dieser Last kenterte das Schiff. Die Mühle mahlt jedoch bis heute. ▷

ABWEISENDE MAJESTÄT

Einst lebte ein Same auf einer Insel im Lyngenfjord. Bonkis Jagdrevier waren die steilen Berge rund um den Meeresarm. Zur Kirche ging der letzte Heide der Region jedoch nie, was den Unmut des Pfarrers erregte. Mithilfe eines Polizisten wurde der Same in die Kirche gebracht. Nach drei sonntäglichen Kirchbesuchen befand er, dass es nun genug sei. Sein Grab befindet sich in der nach ihm benannten Höhle im Lyngenfjord in einer Höhle, die der Sterbende selbst aufgesucht hatte.

MONDLICHT TRIFFT NORDLICHT

Es sind diese bitterkalten Nächte in Nordnorwegen, die in der Erinnerung ihre Spuren hinterlassen, wenn das Nordlicht über das Firmament flackert und sich im ruhigen Wasser der Fjorde widerspiegelt. Das Phänomen wurde um 1230 in der norwegischen Chronik *Kongespeilet* erstmals realistisch beschrieben. Doch erst um 1900 wurden bis heute gültige Theorien veröffentlicht, wonach das »nordlys« entsteht, wenn von der Sonne ausgestoßene elektrisch geladene Teilchen auf Sauerstoff- und Stickstoffatome in den oberen Schichten der Erdatmosphäre treffen.

WINTERTRAUM

Dick liegt der Schnee auf den Bäumen und verwandelt die Landschaft am Lyngenfjord in eine märchenhafte Szene, über der das Nordlicht einen zarten Schleier wehen lässt. Doch die Idylle kann trügen, auf eine ruhige Nacht ein Sturm folgen, der das Meer aufpeitscht und über die Berge fegt. △

EINSAMER RECKE

Der Stetind im Norden Norwegens am Tysfjord gilt als der Nationalberg Norwegens. Sein majestätisch 1392 Meter in den Himmel ragender Granit-Obelisk hat die Form eines Ambosses, was sich im Namen niederschlägt. Sein Gipfel wurde erst 1910 erstiegen. In seiner lotrechten aus festem Granit bestehenden Westwand soll einer alten Sage nach ein Adler mit gefräßigen Jungen sein Nest gehabt haben. Um den gefräßigen Nachwuchs zur Strecke zu bringen, kleidete sich ein alter Same in ein Schaffell und ließ sich von einem Adler zum Gipfel tragen. Er setzte das Nest in Brand, worauf der Adler mehrfach Meerwasser auf seinen Flügeln transportierte, um das Feuer zu löschen. Vergeblich. Der Adler verschwand, doch das Löschwasser war zu Gold geworden – und der alte Same ein reicher Mann. ▷

HIMMELSSTÜRMER

Spektakulär baut sich die Südwestflanke des 639 Meter hohen Segla über dem Mefjord auf Norwegens zweitgrößter Insel Senja auf.

Gäbe es das Dunkel nicht, wüssten wir nicht von den Sternen.

Norwegisches Sprichwort

MÄRCHENSTUNDE

Der norwegische Schriftsteller Knut Hamsun hat in seinen Romanen das Schicksal der einfachen Menschen in Nordnorwegen beschrieben. Darin stellt er das bodenständige Landleben gerne dem der abgehobenen Städter entgegen. Für seinen Roman *Segen der Erde* bekam er 1920 den Literaturnobelpreis.

Ja, wir sind Landstreicher auf Erden. Wir wandern Wege und Wüsten, zuweilen kriechen wir, zuweilen gehen wir aufrecht und zertreten einander.

Knut Hamsun, *Das letzte Kapitel*

ZAUBERWELT IM MONDSCHEIN

Der Wintermond beleuchtet diese Szenerie mit seinem kalten Licht und spiegelt sich in einer Pfütze wieder, die vom letzten Sturm übrig geblieben ist. So wie die Sonne vom Wolf Skalli wird der Erdtrabant von seinem Zwillingsbruder Hati über den Himmel gejagt. Erst an »Ragnarök«, dem Tag des Weltuntergangs, werden die beiden Raubtiere Sonne und Mond einholen und verschlingen.

Die hier erzählten Sagen dürfen nicht vergessen oder Lügen gestraft werden, indem man aus der Dichtkunst die alten Umschreibungen verbannt, an welchen die Klassiker Gefallen gefunden haben. Doch sollen Christenmenschen nicht an die heidnischen Götter und nicht an die Wahrheit dieser Sagen auf andere Weise glauben, als so, wie es im Anfang dieses Buches zu lesen ist. [4]

Snorri Sturluson, *Skáldskaparmál*

GEBISS DES TEUFELS

Am Erfjord erhebt sich die Bergkette Okshornan bis zu 700 Meter aus dem Meer. Die markante Silhouette dieser schroffen Gipfel hat ihnen auch den Beinamen »Teufelsgebiss« eingetragen. ▽▽

SCHWEDEN

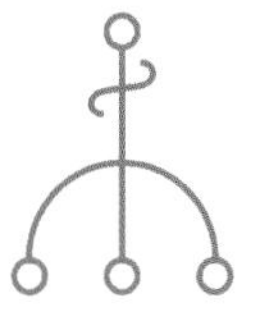

RUHE NACH DEM STURM

Abziehendes Unwetter im Nationalpark Stora Sjöfallet in Lappland. Der See Akkajaure verdankt seine Entstehung einer Staumauer.

FABELWESEN IM JOHN-BAUER-WALD

Kaum verwunderlich: Auch in der schwedischen Sagenwelt hat die nordische Mythologie ihre deutlichen Spuren hinterlassen, in der auch Elemente der germanischen Mythologie zu finden sind. Schriftliche Quellen gibt es jedoch kaum, wurden die Geschichten und Legenden doch mündlich weitergegeben. Wer der Nachwelt etwas hinterlassen wollte, ritzte Runen in Stein und schaffte so Belege, die im wahren Wortsinne »steinalt« sind. Allerdings gibt es römische und christliche Schriften, die die nordische Sagenwelt erwähnen. Tacitus beschrieb im Jahre 98 in seinem Werk *Germania* das Reich der »Svionerna«.

> *»Bei diesem Volke steht auch der äußere Besitz in Ehren, und damit die monarchische Gewalt, vor welcher keine Ausnahme mehr, kein Anspruch auf bedingten Gehorsam gilt. Auch die Waffen sind nicht, wie bei den andern Germanen, in die Hand eines jeden gegeben, sondern liegen verschlossen, und zwar unter Obhut eines Sklaven.«*

DIE GÖTTER DER SCHWEDEN

Zwei große Familien bestimmten die alte Götterwelt der Schweden: die Asen und die Wanen. Chef im Himmel war Odin, der über Asgard, die Götterburg, herrschte und immer von seinen beiden Raben Hugin und Mumin begleitet wurde. Hilfreich in jedem Gefecht des Kriegsgottes war, dass sein Speer Grungnir sein Ziel nie verfehlte. Die Mission des Gottes war immer, die Götterdämmerung – Ragnarök – so weit wie möglich in die Zukunft hinauszuschieben. Sein Sohn Thor war der Götter-Liebling vieler Menschen, da er sie beschützte und den Bauern zu einer guten Ernte verhalf. Dass er im Zorn ab und an mal Blitze Richtung Erde schleuderte, wurde ihm verziehen. Wichtig unter den vielen Göttern ist auch noch Freyr, der sich der Fruchtbarkeit der Natur, aber auch der Menschen verschrieben hat und in germanischer Zeit vor allem in Schweden verehrt wurde. In Gamla-Uppsala, einem alten Machtzentrum in Schweden, hatte er sein Heiligtum, laut der alten Sagen liegen hier sogar die Gräber von Thor, Odin und Freyr.

FABELWESEN IN DEN WÄLDERN

Bodenständiger als in der Götterwelt ging es in der Welt der Menschen zu, Midgard genannt. Vor allem die weiten und dichten schwedischen Wälder waren in der Vorstellung der Menschen von vielerlei Fabelwesen bevölkert. Und die, so dachte man in einem weitverbreiteten Mythos, schoben ihren Nachwuchs, Wechselbalg genannt, den jungen Müttern der Menschen unter. Und das alles, um so schöne Kinder zu haben wie die Menschen – und nicht solch hässliche wie die Trolle. Generell richteten die schwedischen Fabelwesen jedoch meist nur geringen Schaden an, wurden vielmehr als Grund für unerklärliche Vorfälle genannt.

In alten Erzählungen wird zudem die Auseinandersetzung um den »richtigen« Glauben aufgegriffen. So wie in *Bergatrolls frieri* – dem Heiratsantrag des Bergtrolls, einer Ballade, die erstmals 1877 in einer Volksliedersammlung aufgeschrieben wurde. Sie schildert die Auseinandersetzung zwischen dem »alten« und dem »neuen« Glauben, also des Christentums, das ab dem 11. Jahrhundert zunehmend Verbreitung fand. Darin wünscht sich eine Trolldame sehnlichst, ein Mensch zu werden. Sie hofft auf eine Hochzeit mit Herrn Mannelig, bietet diesem auch wertvolle Geschenke an. Von dem Ritter bekommt sie jedoch eine Abfuhr, da sie keine Christin ist.

Meisterlich hat der Schwede John Bauer die Fabelwesen ins Bild gesetzt. *Bland tomtar och troll* heißt eine Sammlung von Sagen, die 1906 zum ersten Mal vom Journalisten Erik Åkerlund herausgegeben wurde. Für die Bebilderung hatte er den Zeichner John Bauer engagiert, der dem Werk ein mystisches Aussehen gegeben hat. Da sitzen Trolle am Feuer, blickt ein junges Mädchen auf einen See, in dem sich Bäume und Felsen, der dunkle Wald spiegeln. Wird eine hell strahlende Prinzessin von zwei düsteren Trollen durch einen ebenso düsteren Wald geleitet. Bauer hat mit seinen einzigartigen Zeichnungen das Bild geheimnisvoller Wesen, aber auch der magischen Natur Smålands geprägt, die nicht nur aus freundlich wirkenden weiß-roten

Eines frühen Morgens, bevor die Sonne aufging, bevor die Vögel begannen zu singen,
machte die Bergtrollin dem schönen Junggesellen einen Antrag.
Sie hatte eine gespaltene Zunge:
›Herr Mannelig, Herr Mannelig, heiratet Ihr mich, für das, was ich Euch so gerne gebe?
Ihr könnt nur ja oder nein sagen, ob Ihr es tun wollt oder nicht?‹

Schwedische Ballade, erstmals 1877 gedruckt

Birken im mittelschwedischen Härjedalen im bunten Herbstkleid △

Häusern besteht, sondern auch aus dunklen, von Felsen durchsetzten Wäldern. So sehr, dass die Schweden gerne von einem »John-Bauer-Wald« sprechen, wenn sie in solch mystischer Umgebung unterwegs sind. Der Zeichner selbst kam auf dem Vättern-See ums Leben, als sein Schiff in einem Sturm kenterte.

SCHÖNHEITEN UND GEIGENSPIELER

Durch die weiten schwedischen Wälder springen jedoch nicht nur die Trolle. Da gibt es den Tomte, der die Bauern bei ihrer Arbeit in Haus und Hof heimlich unterstützt, mittlerweile aber auch als Nisse-Tomte dem Weihnachtsmann bei der Verteilung der Geschenke hilft und sich dafür über einen Teller Hafergrütze freut, den die Schweden in der Heiligen Nacht vor die Tür stellen.

Schöner, aber auch gefährlicher ist die Skogsvrå oder Huldra, die die Männer mit ihrem blonden Haar und ihrem Gesang in den Wald lockt. Ihren Schwanz, der mal dem einer Kuh, mal dem eines Fuchses gleichsieht, versteckt sie geschickt, um nicht als Waldfee erkannt zu werden. Ist ihr der vom Verlangen entfachte Mann weit genug gefolgt, macht sie sich aus dem Staub oder verwandelt sich in einen Baum, der getäuschte Liebhaber bleibt verwirrt und verirrt zurück. Das Pendant zur Huldra ist der Näcken, eine männliche Schönheit, die nackt an Bächen steht und außer einer Geige nichts trägt. Frauen, die seinem Anblick oder seinem wilden Spiel nicht widerstehen können, sollen der Sage nach schnell einen nassen Tod finden. Einen Ausweg hatten sie: Selbst das Geigenspiel vom Näcken zu lernen, was jedoch zur Folge hat, dass man nicht mehr aufhören kann, die Saiten zu streichen.

Vor allem im schwedischen Gebirge, dem Fjäll, sind die Riesen zu Hause. Sie lagen in ständigem Kampf mit den Göttern, auch der Urriese Ýmir. Er war in der nordischen Mythologie das erste Lebewesen auf der Erde. Ýmir wurde von Odin getötet, woraufhin aus seinem Blut Bäche, Flüsse und das Meer entstanden. Die Knochen bildeten Steine und sein Fleisch die Erde. Seine Haare wandelten sich in Gras und Wald um, der Schädel bildete das Himmelsgewölbe. Die ersten Menschen, Ask und Embla, wurden allerdings von seinem Widersacher Odin erschaffen. In der gleichen Umgebung lebten in der Vorstellungswelt der »alten Schweden« die Wichtel und Zwerge, die man jedoch selten zu sehen bekam. Schließlich arbeiteten sie unter Tage in den Bergwerken oder hatten ihre Tarnkappe auf. Die wird in der schwedischen Sprache ganz klar den Zwergen zugeschrieben, heißt sie doch übersetzt dvärghatt – Zwergenkappe.

Im südschwedischen Småland in Ljungby ist der Sagenwelt sogar ein eigenes Museum gewidmet. Hier werden die Geschichten gesammelt, die seit Jahrhunderten im südwestlichen Småland erzählt werden. Zusätzlich werden die magischen Orte beschrieben, von denen in den Geschichten die Rede ist. Das Sagomuseet wurde als Bewahrer des immateriellen Kulturerbes von der UNESCO ausgezeichnet.

FEENSCHLEIER IM FJÄLL

Abend im schwedischen Fjäll. Ein Wasserfall rauscht im Nationalpark Stora Sjöfallet zu Tal. Die harten Formen der schroffen Felsen werden glatt geschliffen. Seit Jahrhunderten. Seit Jahrtausenden. Jeder Tropfen wird zum Teil eines Ganzen, bildet ständig wechselnde Schleier, die das Gestein verdecken wie feinster Stoff das Gesicht der Braut. Ein Schauspiel, dem sich niemand entziehen kann. ▷

WARMES LICHT IN KALTER NACHT

Eine einsame Blockhütte in den weiten Wäldern Lapplands – das Heim von Jultomte, dem schwedischen Weihnachtswichtel, auch Nisse genannt. Mit diesem von zwei Ziegenböcken begleiteten Wichtel sollte man sich gut stellen, bringt er doch die Geschenke. Um ihn bei Laune zu halten, sollte man dem Nisse an Weihnachten einen großen Teller Hafergrütze oder Milchreis in die Nähe seines Unterschlupfs stellen.

Wichtelmännchen kommen auf den Zehen, auf den Zehen,
horchen, spähen, keiner darf sie sehen, darf sie sehen!
Tipp tapp, tippe-tippe-tipp-tapp,
tipp, tipp, tapp.

Schwedisches Weihnachtslied
Tomtarnas julnatt/Wichtelweihnacht

STEINERNER FREMDKÖRPER

Der See Torneträsk ganz im Norden Schwedens ist meist bis zum Juni hin mit Eis bedeckt. An seinem Ufer verläuft die legendäre Erzbahn. die das wertvolle, metallhaltige Gestein aus den Gruben in Schwedisch-Lappland zum ganzjährig eisfreien Hafen von Narvik in Norwegen bringt.

HAUCH DER ARKTIS

Ein Bär und ein Fuchs trafen sich eines Tages an einem Eisloch. Der Fuchs fraß gerade einen Fisch, den er aus einem samischen Dorf gestohlen hatte. Da fragte der Bär: »Woher hast du den Fisch?« Der Fuchs antwortete: »Ich habe meinen Schwanz durch das Eisloch gesteckt.« Der hungrige Bär folgte diesem Beispiel. »Lass ihn auch lang im Wasser, damit sich die Fische daran festbeißen können«, empfahl der Fuchs. Der Bär saß so die ganze Nacht mit dem Schwanz im Loch. Der Fuchs blieb in der Nähe und rief am nächsten Morgen den Samen zu: »Seht, was der Bär dort macht!« Das verängstigte Meister Petz so sehr, dass er aufsprang und dabei seinen im Eis festgefrorenen Schwanz verlor. Diese Erzählung aus Norbotten erklärt, warum der Bär keinen Schwanz hat.

Weiter werde ich getrieben
hinein in ein unbekanntes Land.
Der Boden wird härter,
die Luft wird aufrüttelnder kalt.
Berührt von dem Winde,
der herweht von meinem unbekannten Ziel,
erzittern die Saiten in der Erwartung.
Immer ein Fragender werde ich dort sein,
wo das Leben verklingt
ein klarer, schlichter Ton in dem Schweigen.

Dag Hammarskjöld, schwedischer Generalsekretär der Vereinten Nationen und Friedensnobelpreisträger. Hammarskjöld starb 1961 bei einem Flugzeugabsturz in Afrika.

Der See Torneträsk im Norden Schwedens ist bis Juni von Eis bedeckt. ▷

*Ehe die Landstraße kam, war der See der eigentliche Kommunikationsweg.
Die nördliche Seite war nur dünn besiedelt und windig und gar nicht attraktiv.
Das Herz von Stuor Muorkke war die Südseite, und hier fuhr man hin mit den Booten.
Als die Landstraße fertig war, zogen die Leute auf die Seite, wo die Straße liegt.
Wir waren flexibel und zogen dorthin, wo die Fische sind.*

Der Same Martin Suorra über seine Heimat,
den Nationalpark Stora Sjöfallet

FLAMMENDER HORIZONT

Feuerrot färbt die untergehende Sonne den Himmel über der Ulvön an der Höga Kusten. In der nordischen Mythologie ist der Asen-Gott Balder der Sonne zugeordnet. Für die Bauern jedoch hat das Abendrot seit jeher eine wichtige Bedeutung. Färbt sich der Himmel am Morgen rot, dann folgt meist Regen. Leuchtet der Himmel jedoch abends in rötlichem Schein, bleibt das Wetter schön.

Abendrot bedeutet nichts, aber Morgenrot bringt nasse Sorgen.

Schwedischer Spruch

EINSAME INSEL

Nessie ist bekannt. Doch nicht nur die Schotten haben ihr Seeungeheuer, auch die Schweden können mit einem eigenen Monster aufwarten. Es lebt im Storsjön, dem »großen See« in Jämtland bei Östersund. Zuerst berichtete im 17. Jahrhundert ein Vikar von dem Wesen, doch so richtig aufmerksam wurde man erst 1890 auf das Monster. Da soll es mehrfach von Anwohnern gesehen worden sein. Sie wollten das Seeungeheuer fangen und bekamen dafür auch die Unterstützung des schwedischen Königs Oskar II. Der Versuch misslang jedoch, bis heute soll die rund sechs Meter lange Seeschlange, die einen hundeähnlichen Schädel hat, durch den See schwimmen. △

HERBSTLICHES INTERMEZZO

Neben den Fichten und Kiefern sind Birken die bestimmende Baumart in Nordeuropa. Sie wachsen in den Mooren, an Bächen und steigen als höchste Baumart in den Gebirgen hinauf. Diese steht in den Mythen für Neuanfang, Lebenskraft und Jugend. Als Fruchtbarkeitssymbol war der Laubbaum Freya, der nordgermanischen Göttin für Liebe und Ehre, geweiht. Der Birkensaft wird in der Naturmedizin zum Entschlacken verwendet. ▷

Am Anfang war ein weißes Rentier. Aus diesem weißen Rentier entstand die Welt. Seine Knochen wurden das Fundament, sein Fleisch Land. Seine Adern und Sehnen wurden zu Flüssen, sein weißes Fell wurde zu Bergen, Wiesen und unendlichen Wäldern. Sein Kopf wurde das Firmament, und seine leuchtenden Augen wurden zu den Sternen am Himmel. Sein Herz jedoch wurde tief in die Erde versenkt. (…)

Samische Schöpfungsgeschichte

BALKEN VOLLER GESCHICHTE

Jeder Hof, jede Almsiedlung in Schweden wird dem Volksglauben nach von einem hilfreichen Kobold, einem Tomte bewohnt. Der lebt, wie der schwedische Dichter Viktor Rydberg in seinem Gedicht »Tomten« schreibt, auf dem Dachboden nahe eines Schwalbennestes, wo er den Duft des Heus einatmet.

KARGE KÜSTE

Die Landschaft an der Westküste Schwedens hat den Anschein, dass ein Riese eine Unzahl von Steinen ins Wasser geworfen hat. Unzählige kleine und große Inseln gibt es hier, die Schären genannt werden. Manche sind grün und mit Feldern und Wäldern bedeckt, auf anderen können sich mit Mühe ein paar niedrige Bäume in den Untergrund krallen. Und auf den Inselchen, die ein Stück von der Küste entfernt und damit Wind und Wellen noch mehr ausgesetzt sind, können sich allenfalls ein paar Gräser und Flechten halten. In diesen Untiefen sind viele Fischer mit ihren Booten gekentert und haben Stoff für etliche Sagen geliefert.

FINNLAND

SCHLANKE WICHTE

Im Nationalpark Pallastunturi kommen die finnische und die samische Kultur zusammen. Die schlanke Wuchsform der Fichten ist eine Anpassung an das kalte Klima.

SAGEN IM LAND DER SEEN

Das »Land der Tausend Seen« – so wird Finnland auch genannt. Und das ist eine gehörige Untertreibung, sind es schließlich 188000 Gewässer, die gezählt oder zumindest geschätzt wurden. Bis auf die Abschnitte an den Küsten prägen Wald und Seen die Landschaft, ein Mosaik in Grün und Blau. Hohe Berge gibt es kaum, lediglich im Norden erheben sich »Tunturi« genannte, meist kahle Kuppen ein paar Hundert Meter über die Landschaft. Sie werden in manchen Sagen als versteinerte Trolle oder gar Wale beschrieben. Der höchste Gipfel, der Haltitunturi an der Grenze zu Norwegen, misst gerade einmal 1224 Meter und ist nicht einmal die Spitze des Bergmassivs – die liegt jenseits der Grenze.

AUS DEN EIERN EINES ENTENVOGELS

Das Land ist sehr dünn besiedelt. 5,5 Millionen Menschen leben auf einer Fläche, die der Deutschlands entspricht. 16 Einwohner sind es pro Quadratmeter, ganz oben im Norden des Landes nähert sich dieser Wert der eins. All das hat natürlich Einfluss auf die Sagenwelt Finnlands, die stark von der Natur beherrscht ist. Die sieben Eier eines Entenvogels waren es, aus denen diese finnische Welt entstanden ist. So schildert es zumindest die Mythologie. Sie lagen auf den Knien von Ilmatar, der Göttin der Lüfte, fielen von dort herunter und brachen im Urmeer entzwei. Die Eierschalen bilden heute Himmel und Erde, das Eigelb die Sonne, der silberne Mond wird vom Eiweiß gebildet. Und aus den kleinen Bruchstücken sind die Sterne entstanden. Der Himmel ruht dabei auf einem Pfeiler, der auf dem Nordpol steht. Um ihn herum dreht sich das Himmelszelt, das dadurch einen Strudel erzeugt, in dem die Seelen der verstorbenen Menschen emporgezogen werden und so in das Totenreich Tuonela gelangen.

Die Erde ist in dieser Mythologie eine flache Scheibe, die im Urozean ruht. An deren Rand ist es wärmer – es ist die Region, in die sich die Vögel im Winter zurückziehen. Der Weg dahin war die Milchstraße Linnunrata, was man als »Weg der Vögel« übersetzen kann. Die Menschen machten sich also auch schon früher Gedanken, was mit ihrer Umgebung im langen Winter passiert. Überhaupt spielen die Vögel eine große Rolle in der finnischen Sagenwelt. Sie brachten dem Menschen bei der Geburt die Seele und entfernten sie bei dessen Tod. Und der Seelenvogel Sielulintu verhinderte, dass in den Träumen die Seele abhandenkommt.

NATIONALEPOS KALEVALA

Wer sich mit finnischen Sagen beschäftigt, wird sehr schnell auf den Begriff *Kalevala* stoßen. Über Jahrhunderte hatten in dem nordischen Land mal die Schweden, dann wieder die Russen das Sagen. Das *Kalevala* war ein wesentlicher Bestandteil bei der Entwicklung des finnischen Nationalbewusstseins. Das Nationalepos wurde von Elias Lönnrot im 19. Jahrhundert zusammengestellt. Dafür hatte er sich die von den Menschen erzählten Mythen und Sagen angehört und niedergeschrieben und damit eines der wichtigsten Werke in finnischer Sprache geschaffen, das aus 22795 Versen in fünfzig Gesängen besteht.

Darin gibt es verschiedene Handlungs- und Erzählstränge. Da geht es zum einen um das Werben um die Tochter von Louhi, die über das Nordland (»Pohjola«) herrscht. Dabei spielt auch die Auseinandersetzung zwischen dem Volk von *Kalevala* und dem von Pohjola eine Rolle, die um den Sampo streiten. Das ist ein mythischer Gegenstand, der Wohlstand bringen soll. Auch die Sage von Kullervo ist Teil der *Kalevala*, der unwissentlich seine eigene Schwester verführt und sich selbst tötet, nachdem er die Wahrheit erfahren hat. Dazu kommt die Legende von Marjatta, also der Jungfrau Maria des Christentums. Schließlich gehört zur *Kalevala* auch eine Schöpfungsgeschichte der Erde.

Wichtigste Figur der *Kalevala* ist der alte und weise Sänger Väinämöinen, der mehrere Eigenschaften in sich vereint: Sagenheld, Schamane und mythische Gottheit. Am Ende der Erzählung steht die Geburt eines Knaben, der einmal König von Karelien wird. Gleichzeitig verabschiedet sich der weise Alte, die tragende Person in der Geschichtensammlung, von seinem Volk.

Die Lappen sind ein Volksstamm im hohen Norden, die in einem sonst fast unbewohnbaren Teil der Erde leben und ihr Land bestellen […].
Sie widmen sich eifrig der Zauberei und sind hervorragende Jäger.
Sie haben keinen festen Wohnort, sondern ziehen ständig umher und lassen sich dort nieder, wo sie Wild finden.
Auf gekrümmten Skiern fahren sie geschwind über schneebedeckte Höhen.

Saxo Grammaticus, ca. 1150– ca. 1220

Die Landschaft Kareliens ist von Seen und Wäldern geprägt. △

Karelien, der östlichste, über die Grenze nach Russland reichende Landstrich, spielt in der *Kalevala*, sogar bei der Entstehung des finnischen Nationalbewusstseins, eine große Rolle. Hier, am Ufer des Pielinen-Sees und dem darüber sich erhebenden Koli-Höhenzug, weilten Dichter, Komponisten und Maler, um ihr Bild von Finnland entstehen zu lassen – was bis heute nachwirkt. Immer noch werden die Werke von Jean Sibelius in der ganzen Welt gehört.

DIE SAMEN – DAS VOLK IM NORDEN

Ganz im Norden Finnlands liegt das Land der Samen, Sapmi genannt. Diese Region kennt eigentlich keine Grenzen, so wie früher die Rentiere und die Menschen, die hinter ihnen herzogen. Längst haben sich Samen und Finnen vermischt. Jedoch wurden Sprache und Kultur dieses ursprünglichen Nomadenvolks unterdrückt, ja teilweise sogar verboten. Seit geraumer Zeit erlebt die samische Kultur ein Revival – und damit auch die alten Traditionen, Geschichten und Sagen.

Die Samen betrachten sich als Volk des Mondes und vor allem der Sonne, die für sie der Ursprung allen Lebens ist. Ihre Tänze und Gesänge wurden ihnen direkt von Akanidi, der Tochter der Sonne, vermittelt. Eine wichtige Rolle spielten die Schamanen, die Kontakt zu den Göttern und Geistern aufnahmen. Sie konnten heilen, aber auch töten, und bewahrten die alten Traditionen und Geschichten, die nur mündlich weitergegeben wurden.

Im Laufe der Jahrhunderte haben die aus dem Osten eingewanderten Samen sich in verschiedene Regionen Skandinaviens verteilt, lebten am Meer, in den Wäldern oder den Bergen, was sich auch auf ihre Lebensweise ausgewirkt hat. Es entwickelten sich nicht nur verschiedene Dialekte, auch die Art und Weise, den Lebensunterhalt zu verdienen, unterschied sich. Das Rentier hat für die meisten Samen eine lebensnotwendige Bedeutung. Es lieferte die Nahrung, war Zugtier und Rohstoff zum Bau von Zelten und anderen Gegenständen. Das ist auch der Grund dafür, warum das Rentier in den Mythen und Sagen immer wieder eine Rolle spielt.

In der frühen Neuzeit waren es drei Aspekte der samischen Magie, die gelehrte Europäer besonders beschäftigten. Zum einen waren die Samen dafür bekannt, weissagen zu können. Damit eng verbunden waren ihre Fähigkeiten als Nachrichtenvermittler. Durch den Gebrauch einer Runentrommel oder andere Rituale konnte sich der samische Schamane (»Noiade«) in Trance versetzen. In diesem Zustand besuchte sein Geist weit entfernte Orte. Die dritte Form der Zauberei, die den Samen zugeschrieben wurde, trug die Bezeichnung Gand, der Zauber, der gefürchtet wurde. Die Samen waren in der Lage, ihren schädlichen Gand über weite Strecken zu schicken. Nicht selten soll der Gand mit dem Nordwind gekommen sein und sogar die Menschen im fernen Südeuropa mit Krankheiten überzogen haben. Solche Auffassungen wurden von Intellektuellen in Frankreich, England und Dänemark mit großer Überzeugungskraft vertreten.

Oh Ukko, lass frischen Schnee fallen, verteile feinen frischen Schnee,
um darauf mit dem Schlitten zu fahren,
denn auf frischem Schnee kann man mit seinem Schlitten sausen.
Verberge die Beerensträucher am Boden, und auch die Zweige des Heidekrauts.

Finnisches Winterlied

Nun erhob sich Wäinämöinen mit den Füßen
zu der Fläche, auf zum meerumspülten Eiland,
auf zur baumentblößten Strecke.
Weilte darauf manche Jahre, lebte immerwährend
weiter auf dem wortberaubten Eiland,
auf der baumentblößten Fläche.
Dachte nach und überlegte, hielt es lang
in seinem Haupte, wer das Land ihm wohl besäen,
wer den Samen streuen sollte?

Kalevala, zweite Rune

Blick vom Koli-Berg auf den Pielinen-See
im Südosten Finnlands ▷

BIFRÖST – DER WEG IN DEN HIMMEL

Ein Regenschauer zaubert einen Regenbogen über den Inarisee, den drittgrößten See Finnlands. 3000 Inseln wurden in dem bis zu 92 Meter tiefen Gewässer gezählt. Eine davon ragt mitten im See wie ein Zahn aus dem Wasser: der 30 Meter hohe Ukonkivi, ein heiliger Platz der Samen. Geweiht ist er Ukko, einem der Hauptgötter der samischen Mythologie. Er wird verehrt als Gott des Donners und des Wetters. Frauen durften die auch als Opferstätte genutzte Insel nicht betreten. Bis ins 19. Jahrhundert hinein sollen die Menschen Münzen in den See geworfen haben, um den Gott um günstige Winde zu bitten. △▷

Werde von der Lust getrieben, von dem Sinne aufgefordert,
dass ans Singen ich mich mache, dass ich an das Sprechen gehe,
dass des Stammes Lied ich singe, jenen Sang, den hergebrachten.
Worte schmelzen mir im Munde,
es entschlüpfen mir die Töne, wollen meiner Zung' enteilen.

Anfangsverse der *Kalevala*

VERHÜLLTE GRAZIEN

Völlig von Schnee verhüllt sind diese weit nördlich des Polarkreises wachsenden Kiefern. Verbirgt sich in ihnen Tapio, der Gott des Waldes aus der finnischen Mythologie?

Da dehnen sich des Nordlands düstre Wälder, uralt, geheimnisvoll in wilden Träumen, in ihnen wohnt des Waldes mächt'ge Gott, Waldgeister weben heimlich in dem Dunkel.

Jean Sibelius

WEISSE PRACHT

Nicht nur der Weihnachtsmann lebt im Norden Finnlands – so heißt es zumindest. Auch seine Helfer haben dort ihr Zuhause. Es sind Wesen wie Tonttu, Gnome und Zwerge. Sie sollen rote Hüte tragen und die Geschenke verteilen, weshalb sie ein in der Weihnachtszeit verbreitetes Motiv sind. Alten Sagen zufolge sind es jedoch misstrauische Wesen, die stehlen, wenn man sie nicht respektiert. Deshalb gab es den Brauch, eine Schüssel mit Haferschleim in eine Ecke oder vor die Tür zu stellen, um sie milde zu stimmen. Daher rührt auch der in jüngerer Zeit mancherorts eingeführte Brauch, dem Santa Claus Kuchen und Milch anzubieten.

LEUCHTENDE NACHT

Kleine geladene Teilchen, Sonnenwind genannt, sind die Ursache für das Nordlicht, das in rund 80 bis 100 Kilometern Höhe entsteht. So zumindest lautet die vereinfachte wissenschaftliche Erklärung für das Phänomen. In Finnisch-Lappland gibt es eine ganz andere, viel poetischere Erklärung. In einer Legende heißt es nämlich, dass einst der Fuchs das himmlische Feuer gestohlen hat und seitdem mit einem brennenden Fuchsschwanz über das Firmament läuft. Weniger dramatisch ist eine Sage, wonach der Polarfuchs beim Herumlaufen den Fels mit seinem langen Schwanz berührt, sodass die Funken sich am Himmel in Nordlicht verwandeln. △

BLAUE WICHTEL

Tagelang war aus dicken grauen Wolken Schnee gefallen und auf den Zweigen der Kiefern und Fichten liegen geblieben. Der Frost verband die Schneekristalle, die nun die Bäume in einen dicken weißen Mantel hüllen. Im fahlen Schein des Nordlichts wirkt es, als ob geheimnisvolle Gestalten umherstreifen. ▷

WINTERSCHLAF

Rund 86 Prozent Finnlands sind von Wald bedeckt. Dicht an dicht wachsen die Bäume in den Niederungen, säumen die Ufer der zahlreichen Seen und glucksenden Bäche. Auf den Tunturis muss jede Pflanze ums Überleben kämpfen, sich gegen Stürme und Kälte behaupten. Im Winter kann es für die Menschen jedoch einfacher sein, auf einer tragfähigen Schneeschicht voranzukommen. In einem finnischen Märchen lässt sich ein Jäger zögerlich auf die Versprechungen eines Drachen ein, der ihm Klugheit einhauchte, die ihm und seinen Brüdern schließlich Reichtum und Wohlstand brachte, nachdem sie einen halben Tag durch den Wald gezogen waren und schon am Erfolg zweifelten.

STURMFRISUR

Vom ersten Schneefall bis weit hinein in das Frühjahr liegt Lappland unter einer dicken Schneedecke. Die in den einsamen finnischen Wäldern lebenden Bären halten in dieser Zeit ihren Winterschlaf. Karhu, so der finnische Name, gilt als das heiligste Tier, dessen Name niemals laut ausgesprochen wurde – auch, um den Jagderfolg nicht zu gefährden. Die Bären, so glaubte man früher, sind wiederauferstandene Vorfahren, weshalb sie auch Namen bekamen, die an die Verhaltensweisen und Eigenschaften Verblichener erinnerten, darunter so schöne Bezeichnungen wie metsä kultaomena, dem »Goldenen Apfel« des Waldes.

RÜCKZUGSORT

Finnland ist vor allem im Norden sehr dünn besiedelt. Da ist jedes Haus ein Lichtblick in der Dunkelheit der Nacht und das Rot der Häuser an wolkenverhangenen Tagen die einzige Farbe. Etwa ab 1700 setzte sich dieses Rot durch, das ursprünglich aus den Kupfergruben im schwedischen Falun stammte. Für die Farbgebung ist das Eisenoxid verantwortlich, das auch das Holz vor Verwitterung schützt. Die Farbe Rot spielt auch in einem Gedicht des Lyrikers Johan Ludvig Runeberg eine Rolle:

Einst kam sie nach Haus mit roten Händen,
sie wurden in des Liebsten Händen rot.
Einst kam sie nach Haus mit roten Lippen,
sie wurden durch des Liebsten Lippen rot.
Dann kam sie nach Haus mit fahlen Wangen,
erbleicht, weil er ihr war nicht treu.

Das Mädchen kehrt von ihrem Liebesten heim
Johan Ludvig Runeberg, 1804–1877

ISLAND

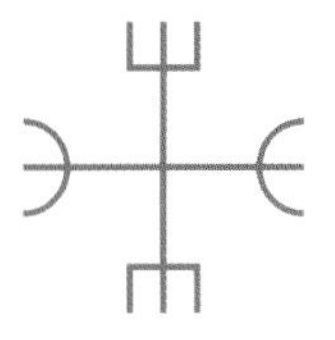

ALLES IM FLUSS

Landmannalaugar gilt als eine der schönsten Gegenden Islands. Ganz in der Nähe liegt der Vulkan Hekla, der immer noch aktiv ist.

FEUER, EIS UND SAGEN

An manchen Stellen steigt übel riechender Dampf aus dem Boden auf, an anderen sind schemenhaft bizarre Felssäulen im Nebel zu erahnen. Bisweilen dringt sogar das glutflüssige Erdinnere nach draußen, quillt durch einen Gletscher und speit Lavabrocken aus, während drumherum die Erde erzittert. Island kann seine Entstehung aus dem irdischen Feuer heraus an keiner Stelle verbergen. Hier driften die Nordamerikanische und die Eurasische Platte auseinander – mehrere Millimeter pro Jahr. Und genau das sorgt für Unruhe im Untergrund. Hier entsteht bis heute eine Landschaft, die die Fantasie der Menschen anregt. Was für den aufgeklärten Menschen gilt, hatte seine Bewandtnis umso mehr für die ersten Siedler, für die diese grandiose Natur kaum zu erklären war.

Auch wenn deutlich ältere Siedlungsreste gefunden wurden, gilt der Norweger Naddoddur als Entdecker Islands. Auf einer Fahrt von den Färöer zurück in seine Heimat soll um das Jahr 860 ein Sturm sein Schiff nach Norden abgetrieben haben. Im Osten einer Insel, die er später Snæland (Schneeland) nannte, ging er an Land. Als erster Siedler jedoch wird Ingólfur Arnarson gesehen, der mit seinem Ziehbruder Hjörleifur Hróðmarsson und den beiden Familien 870 nach Island segelte, weil er sein gesamtes Land in Norwegen verloren hatte. Geschildert werden die Anfänge der darauf folgenden Besiedelung im *Landnámabók*, in dem es vor allem um die 400 norwegischen Siedler geht, die ihre Höfe auf den bis dahin unbewohnten Inseln bauten. Aufgeführt werden darin die jeweils in Besitz genommenen Ländereien sowie Anekdoten und wichtige Erlebnisse der Neuankömmlinge bis in das 11. Jahrhundert.

Schon 930 trafen sich die Bewohner der Insel zum Althing in Thingvellir. Hier wurden Streitigkeiten geregelt und Gesetze verabschiedet, wodurch Althing zum zweitältesten Parlament der Welt wurde – nach dem auf den Färöern. Es ist zugleich die Zeit, in der viele Sagas entstanden, Schiffe von Island aus Kurs auf Grönland und Nordamerika nahmen und schließlich ab der Jahrtausendwende das Christentum auf der Vulkaninsel verbreitet wurde.

Um einen Namen kommt man nicht herum, wenn es um die Historie Islands, ja ganz Skandinaviens mitsamt der alten Sagen und Legenden geht: Snorri Sturluson. Der isländische Dichter und Historiker kam 1179 zur Welt und starb 1241 in Reykholt, einem kleinen Ort im westlichen Teil des Landes. Snorri Sturluson wird zumindest teilweise als Autor der *Snorra-Edda* gesehen. Sie besteht aus mehreren Teilen und gibt mit der *Gylfaginning* eine Einführung in die nordische Mythologie, in der wie in anderen skandinavischen Ländern die altnordischen Götter verherrlicht werden. Schließlich ist er wahrscheinlich auch der Autor vieler Teile der *Heimskringla*, einer Geschichte der norwegischen Könige, möglicherweise auch der *Egils Saga*.

»Vieh stirbt, Freunde sterben, genauso stirbt man selbst.
Aber ich weiß eines, was niemals stirbt:
Wie das Urteil über jeden Toten lautet.«
(Aus der *Lieder-Edda* von Snorri Sturluson, *Hávamál, Des Hohen Lied*)

WENIGE MENSCHEN, VIELE FABELWESEN

Island ist mit seinen rund 340 000 Einwohnern nicht gerade dicht besiedelt, kommen doch im Durchschnitt gerade einmal 3,5 Einwohner auf jeden Quadratkilometer. Da gibt es viel Platz für übernatürliche Wesen. Mehr als die Hälfte der Isländer glaubt an deren Existenz. Sogar eine Elfenschule gibt es, in der die Besucher Einblick in diese verborgene Welt erhalten und Geschichten von Menschen erzählt bekommen, die schon einmal Kontakt mit dem »huldufólk«, dem »verborgenen Volk«, hatten. Über deren Herkunft existieren mehrere Sagen. Populär ist jene, nach der es Eva bei einem überraschenden Besuch Gottes nicht mehr gelang, alle ihre Kinder zu waschen – sie versteckte diese. »Das, was vor mir versteckt wird, soll auch den Menschen verborgen bleiben!«, soll dieser daraufhin gesagt haben

Im Buch vom Gang der Zeit (De temporum ratione), das der Priester Beda der Heilige verfasste, wird die Insel erwähnt, die Thule heißt, und in Büchern wird gesagt, sie liege eine Seereise von sechs dœgr nach Norden von Britannien aus. Dort, sagte er, werde es im Winter nicht Tag und im Sommer nicht Nacht, wenn der Tag am längsten ist. Deswegen nehmen verständige Leute an, es habe sich so verhalten, dass Island Thule genannt worden sei, weil in dem Land die Sonne nachts weithin scheint, wenn der Tag am längsten ist, aber man die Sonne tagsüber weithin nicht sieht, wenn die Nacht am längsten ist.

Landnámabók

Am Fuße des Berges Námafjall liegt das Hochtemperaturgebiet Hveraröndmit Thermalquellen, Schlammtöpfen, Fumarolen und Solfataren. △

und so Ursache für das geheime Leben des »huldufólk« sein. Das gilt bis heute, wenn die Fabelwesen sich nicht gerade selbst sichtbar machen.

Zu diesem sagenhaften Volk gehören die Elfen, die in Felsen und anderen Geländeformationen leben sollen, manchmal auch in einem kleinen »Álfhól« genannten Holzhaus, das ihnen die Menschen bauen und in den Garten stellen. Elfen können sich durchaus wehren, wenn ihre Heimat zerstört wird. Denn bei Straßenbauarbeiten vor einigen Jahren wurde ein Elfenfels verschüttet, woraufhin es zu einer ganzen Reihe von unerklärlichen Vorfällen kam. Daraufhin wurde der Fels wieder freigelegt und sogar gereinigt, um die geheimnisvollen Wesen zu besänftigen. Vielleicht hätte man vorher einen der Elfen-Experten auf der Insel fragen sollen? Oder in der Elfenschule Rat einholen, in der Erlebnisse der Inselbewohner mit den verborgen lebenden Fabelwesen gesammelt werden.

Dazu kommen Trolle. Diese Fabelwesen aus der nordischen Mythologie beleben nicht nur die Sagenwelt, sondern in der Vorstellung mancher Isländer auch die Landschaft. Die abgelegenen Berge waren ihr Revier, wo sie in Höhlen oder im Schutz von Felsen wohnten, bisweilen auch einmal Menschen fraßen oder Menschenkinder raubten und sie als Halbtrolle aufzogen. Ob sie heute noch auf Island zu finden sind, ist unklar. Vielleicht verließen sie als Heiden die Insel, als das Christentum Einzug hielt und die Glocken von der Spitze der ersten Gotteshäuser läuteten. Manche Trolle vertrugen kein Tageslicht, was einer alten Sage nach den Fantasiewesen am schwarzen Sandstrand von Vík zum Schicksal wurde. Schaut man vom Ufer aufs Meer hinaus, sieht man die Reynisdrangar, eine markante Basaltformation direkt an der Küste. Doch diese Felsen sind mehr als bloßes Gestein: Es sind versteinerte Trolle, die im Sonnenlicht gefangen wurden, als sie versuchten, einen Dreimaster an Land zu ziehen. Und vielleicht beobachtet man bei dieser Gelegenheit gleich ein »Skrimsli«, ein Seemonster. Die spielten auf einer komplett vom rauen Nordmeer umgebenen Insel immer eine Rolle, in den Westfjorden ist ihnen sogar ein eigenes Museum gewidmet.

Auch Zwerge bevölkern die Insel. Sie sind, wie schon die *Snorra-Edda* erwähnt, bekannt für ihr handwerkliches Geschick und schmiedeten den Göttern wertvolle Gegenstände wie zum Beispiel Haar aus Gold für die Göttin Sif und das Schiff Skíðblaðnir, welches zusammengefaltet in die Hosentasche gesteckt werden konnte. Auf Karten findet man auch heute noch viele Namen, die in Verbindung zu den Zwergen stehen. Eine der bekanntesten Zwergensagen ist die Sage vom Zwergenstein (»Dvergasteinn«) aus Seyðisfjörður.

Einst lag ein Fels auf der Südseite des Fjords einträchtig zusammen mit der örtlichen Kirche. Als das Gotteshaus an die Nordseite des Meeresarms verlegt wurde, war das für die Zwerge ein Ärgernis. Und so bewegte er sich von selbst über das Meer – dorthin, wo die Kirche stand.

Alte Sage

Der Reynisfjara-Strand in der Nähe von Vík wird von schwarzer Lava gebildet. ▷

VERSTEINERT

15 Meter ragt der Basaltfelsen Hvítserkur an der Ostküste der Halbinsel Vatsnes aus dem Meer. Seine weiße Farbe, die auch namensgebend ist, rührt von den Exkrementen der Seevögel her.
Das Läuten der Glocken der nahen Thingeyrar-Kirche störte einst einen Troll, der in Strandir lebte. Er beschloss, die Kirche mitsamt Läutwerk zu zerstören, und wurde dabei von der aufgehenden Sonne überrascht. Der Troll wurde zu Stein und ist seitdem als Hvítserkur den Meereswogen ausgesetzt.

RICHTUNGSGEBEND

Sogar zwei Leuchttürme weisen den Schiffen nahe der westisländischen Stadt Akranes den Weg. Akranesviti – der mit zehn Metern Höhe kleinere der beiden – wurde 1918 errichtet, genügte jedoch bald nicht mehr den Anforderungen der Seefahrt. 1946 wurde ein neuer, knapp 23 Meter hoher Leuchtturm gebaut, dessen Leuchtfeuer weithin zu sehen ist. ▽▽

RUINENLANDSCHAFT

Die skurrile Landschaft Islands diente in vielen Filmen als Kulisse. Auf der Insel wurden Szenen aus der »Game of Thrones«-Serie, dem James-Bond-Film »Stirb an einem anderen Tag« und sogar der Bollywood-Romanze »Dilwale – Ich liebe dich« gedreht. Moderne Mythen, die die alten Sagen wunderbar ergänzen.

MÄRCHENKIRCHE HVALNES

Die Kirche von Hvalnes auf der Halbinsel Reykjanes wurde in den Jahren 1886/87 gebaut. Ein Grabstein erinnert an Steinunn Hallgrímsdóttir, die mit vier Jahren verstorbene Tochter des Pfarrers und populären Dichters Hallgrímur Pétursson, nach dem die Hallgrímskirkja in Reykjavík benannt wurde.

SCHWARZE WÜSTE

Der Legende nach ist der vor Jahrhunderten erstarrte Lavastrom von Landmannalaugar das Heim von Trollen und Elfen. Das Lavafeld »Ódádahraun« (Missetäter) war Zufluchtsort vieler Geächteter. ▽▽

NEUBEGINN

Ungewohnt schroff präsentieren sich die Gipfel des Kerlingarfjöll mit dem Snækollur als höchster Erhebung (1477 Meter). Wer sich in das sehr aktive Geothermalgebiet wagt, wird laut einer alten Legende vom Geist einer Trollfrau verfolgt. Diese war zum Fischen an die Küste gegangen und bei ihrer Rückkehr zu Stein erstarrt, als sie die ersten Sonnenstrahlen trafen.

DIE KRAFT DES WASSERS

Der Seljalandsfoss ist eine der bekanntesten Sehenswürdigkeiten in Südisland. Scheint die Sonne, bildet sich meist ein wunderschöner Regenbogen. Wer die Gischt nicht scheut, kann auf einem Pfad sogar hinter die sich tosend 60 Meter in die Tiefe stürzenden Wassermassen laufen.

GLETSCHERBLUME

Der Markarfljót entspringt im Gebiet des Vulkans Hekla und fließt an Þórsmörk vorbei in Richtung Meer. Eine alte Sage berichtet von einem jungen Mann namens Torfi, der mit seiner Liebsten auf dem Rücken über den Fluss sprang. Das Paar war auf der Flucht vor der Familie des Mädchens, die Torfi töten wollte. △
Majestätisch ragen die Gipfel des Vestrahorns im Osten Islands aus dem Meeresdunst. ▷

Hoch in den Lüften blinken, Spiegeln gleich, achatne Dächer über schwarzem Saal;
ein Bild erschaust du hier, gar anmutreich: Vom Markarfljót durchbraust, ein waldig Tal
mit Ackerfeld; den Fluss entlang erstrecken die schönsten Wiesen sich
in großer Zahl; gleich buntgestickten Teppichen bedecken die Ufer sie.

Jónas Hallgrímsson, *Gunnarshólmi*

BERAUSCHENDE NATUR

Erst Anfang des 20. Jahrhunderts entdeckt wurde der 122 Meter hohe Wasserfall Háifoss in der Nähe des Vulkans Hekla. Damals dachte man, den höchsten Wasserfall Europas vor sich zu haben.

Einst lebte eine Riesin am Wasserfall Háifoss.
Sie ernährte sich von Forellen, die sie im Wasserfall fing.
Eines Tages warf ein Junge einen Stein in den Fluss.
In der folgenden Nacht ging die Riesin zu seinem Zelt und versuchte, ihn an den Füßen herauszuziehen.
Seine Freunde jedoch hielten ihn fest, und die Riesin trollte sich.
Der Schreck war dem Jungen jedoch in die Glieder gefahren, erst einen Monat später hatte er sich davon erholt.

Nach Jón Árnason,
Sammler isländischer Märchen und Sagen

RUHIGES RUHEKISSEN

In der Region rund um Eldhraun lebten früher irische Mönche, später Nonnen des Benediktinerordens. Die sollen nicht immer rechtschaffen gewesen sein, wie eine alte Legende schildert.
Sie stahlen Essen aus der Kirche, ließen sich mit Männern ein und spotteten über den Papst. Das führte dazu, dass sie an einen Pfahl gebunden und verbrannt wurden. ▽▽

STÖRENRFRIED

Island ist dicht bevölkert von Elfen und anderen Fabelwesen. Daran glauben zumindest viele Isländer. Und das wirkt sich auch bei Bauarbeiten aus. Die Straße, die zum Bergmassiv Kerlingarfjöll im Zentrum Islands führt, verläuft kurz vor ihrem Ende um einen Felsblock herum. Hier wurde nicht, wie man erwarten könnte, der Weg freigesprengt, weil der Fels von einem Troll bewohnt sein soll. Elfen und Kobolde, die sich gestört fühlten, sollen nämlich Planierraupen unbrauchbar gemacht haben oder für Unfälle auf Baustellen verantwortlich sein. △

REVOLUTIONSFÜHRER

Südlich von Kirkjubæjarklaustur erstreckt sich das große Eldhraun-Lavafeld. Es entstand bei einer Laki-Eruption in den Jahren 1783/84. Dieser Ausbruch wirkte sich auch auf die Ernten in Mitteleuropa aus und soll manchen Historikern zufolge sogar die Französische Revolution zumindest mitverursacht haben. ▷

FESTPLATZ DER FEEN

Wie in einem moosigen Tempel präsentiert sich das Innerste des Gluggafoss auf Island in mystischen Grüntönen. Es ist nicht viele Fantasie nötig, um an diesem Ort Feen und Elfen zu sehen, die in Island allgegenwärtig sind.

WASSERFALL DER GÖTTER

Der Godafos, der »Wasserfall der Götter«, gehört zu den schönsten Wasserfällen in Island und spielt auch eine Rolle in der Geschichte des Landes. Eine alte Legende beschreibt die Geschichte von Þorgeir Ljósvetningargoði. Der war der Gesetzsprecher am alten Althing-Parlament und warf die nordischen Götterstatuen in den Wasserfall, als Island christlich wurde.

Hrafnkell hatte in seinem Eigenthum ein Kleinod,
welches ihm besser als (jedes) andere schien.
Dies war ein Hengst von brauner Farbe, mit einem schwarzen Streifen
längs dem Rücken herunter, welchen er Freyfaxi nannte.
Er gab denselben seinem Freunde Freyr zur Hälfte.
Zu diesem Hengste hatte er so große Neigung,
dass er das Gelübde that, er wolle den Mann tödten,
welcher ohne seinen Willen auf ihm reiten würde.

Saga von Hrafnkell Freysgoði, verfasst im 13. Jahrhundert

Schon die ersten Siedler, die vor dem Jahr 1000 nach Island kamen, hatten Pferde dabei. △

SCHLANGEN-LINIE

Die vor allem im Frühjahr und Sommer reißenden Flüsse bringen das Geröll von den Gletschern – wie hier dem Skalafellsjökull – ins Tal. ◁

LICHTARMEE

Nur wenige Sonnenstrahlen fallen durch die Wolken auf die Halbinsel Snæfellsnes. Deren höchste Erhebung, der Vulkan Snæfellsjökull, hat es in die Weltliteratur geschafft. Jules Verne platzierte in dessen Krater in seinem Roman *Reise zum Mittelpunkt der Erde* den Einstieg in die Unterwelt.

FLUCHTPUNKT

14 Inseln, 30 Schären, 30 Felsen und nicht einmal 4500 Einwohner: Die ganz im Süden Islands gelegenen Vestmannaeyjar (dt. Westmännerinseln) sind auch für isländische Verhältnisse etwas ganz Besonderes, zumal Geologen unter dem Archipel eine Magmakammer vermuten. Folgt man dem Landnahmebuch, dann gehörten die beiden befreundeten Clanoberhäupter Ingólfur Arnarson und Hjörleifur Hróðmarsson zu den ersten Siedlern Islands. Hjörleifur, der seine Heimstatt auf dem Mýrdalssandur erbaut hatte, wurde bald darauf von seinen irischen Sklaven erschlagen. Sie flüchteten nach Westen, wurden aber von Ingólfur eingeholt und auf der Insel Heimaey getötet. ▽▽

GRUSS AUS DER HÖLLE

Rund hundert Quadratkilometer groß ist das Vulkansystem des Kerlingarfjöll. Im Hochtemperaturgebiet strömt der Dampf aus zahlreichen heißen Quellen, brodelt das heiße Wasser in den Schlammtöpfen und steigt Schwefelduft aus bunt gefärbten Fumarolen in die Luft.
Laut einer germanischen Sage saß einst Odin auf seinem Thron in der Götteroase Idafeld am Fuße des Vulkans Herdubreid und schaute einem Wettkampf der Götter zu. Dabei wurde der Sonnengott Baldur vom Feuergott Loki mit einem Mistelzweig heimtückisch ermordet. Da Baldur nicht im Zweikampf gestorben war, tat sich die Erde auf, und er musste ins feurige Totenreich übersiedeln.

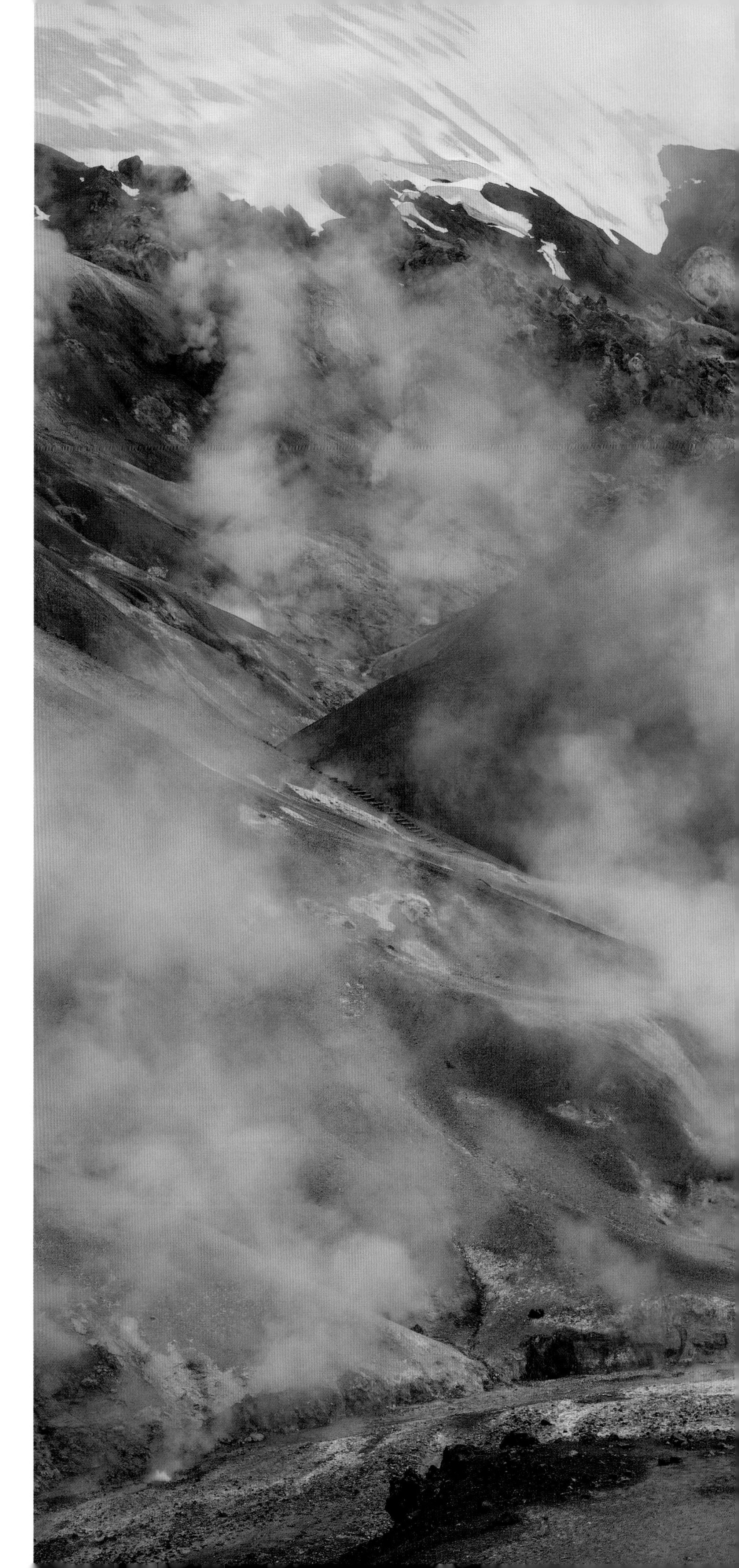

WASSER-FARBEN

Je nach Lichteinfall schimmert das Wasser mal blaugrau wie am Bruarfoss △, mal grünlich wie im Kratersee Blahylur Crater Lake in Landmannalaugar ▷.

Im Umfeld von Vulkanen klingt der Boden oft hohl, wenn man darüber läuft. Die Wissenschaft erklärt das mit Hohlräumen durch erstarrte Lava. Mit ein wenig Fantasie kommt man wie die Isländer auch auf eine ungleich poetischere Erklärung. Demnach liegen in diesen Hohlräumen die Werkstätten der Zwerge, die dort am Höllenfeuer Waffen schmieden.

FRÜHAUFSTEHER

Markant ragt die Silhouette des Kirkjufell, des Kirchbergs, an der Nordseite der Halbinsel Snæfellsnes in den Himmel. Im 19. Jahrhundert sollte einer Anekdote zufolge die Häuslersfrau Katrin vom Hof Hlein ein verirrtes Schaf vom schwierig zu besteigenden Berg herunterholen. Trotz Schnee und Eis gelang es ihr, das Tier zu finden. Sie stürzte ab, als ein Adler sie angriff, überlebte aber den Sturz und erhielt eine Belohnung für das gerettete Schaf.

LEUCHTENDE BERGE

Ungemein farbenprächtig präsentieren sich die Berghänge im Gebiet von Landmannalaugar. Grund dafür ist das beim jüngsten Ausbruch im Jahr 1477 ausgespuckte rotbraune Vulkangestein Rhyolith. Dazu kommen weitere Mineralien, außerdem Schwefel und Kalk, die aus verschiedenen Schloten in den Himmel geschleudert wurden. Die Quellen in dem Geothermalgebiet werden schon seit Jahrhunderten von Reisenden genutzt – bis heute. Darauf deutet auch der Name hin, der nichts anderes bedeutet als »die warmen Quellen der Leute von Land(sveit)«.

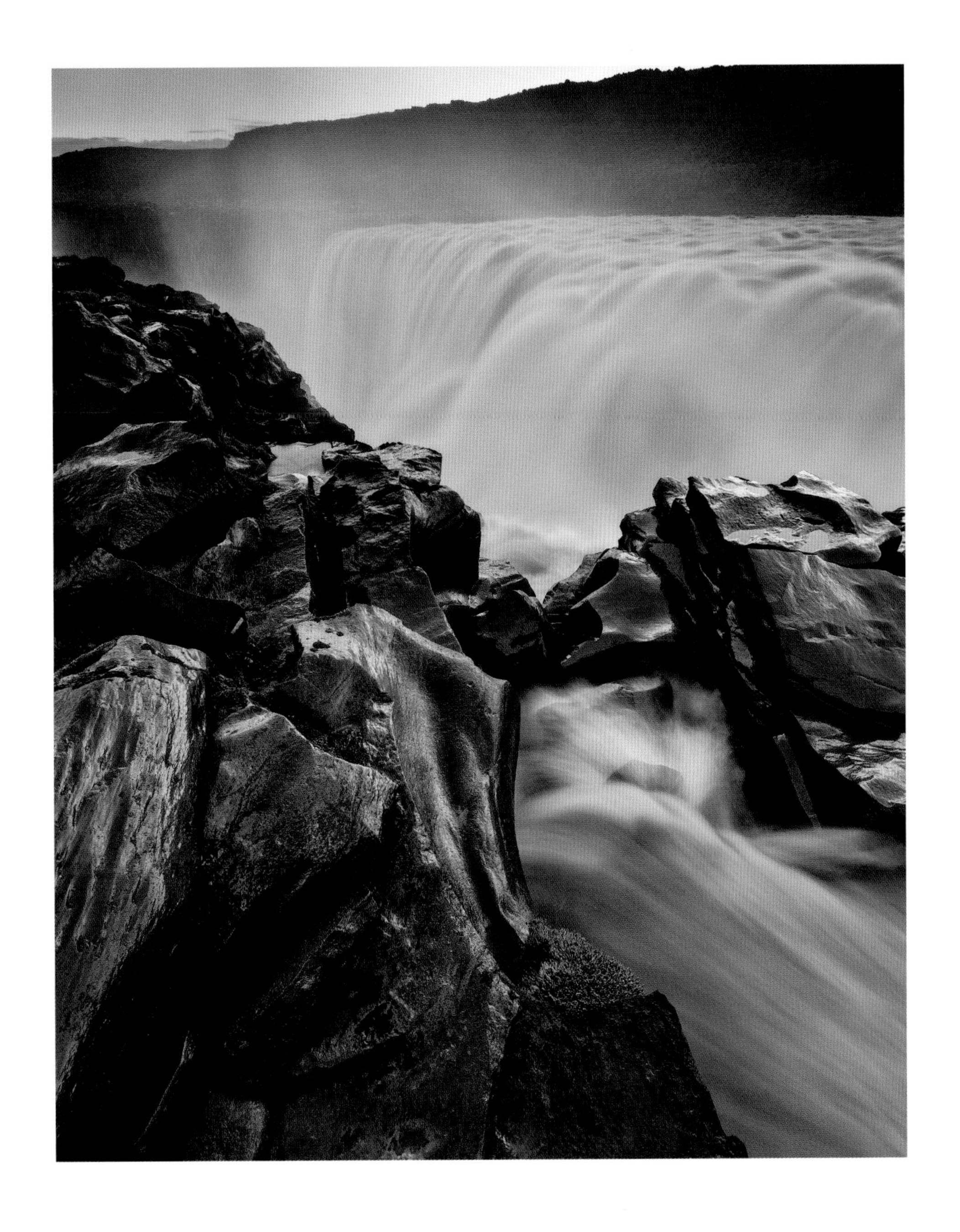

DARK FALLS

Ungewohnter Blick auf den Gullfoss, einen der bekanntesten Wasserfälle Islands △
Der Gipfel des Kirkjufells im Licht der Sterne ◁

Die Sonne wusste nicht, wo sie war. Der Mond wusste nicht, welche Macht er besaß. Die Sterne wussten nicht, wo sie waren.

Snorre Sturlesons *Edda*

WELLENBRECHER

»Perlen von Djúpalón« heißen die schwarzen Kiesel, die man am Strand Djúpalónssandur am westlichen Ende der Halbinsel Snæfellsnes findet. Früher fuhren vor allem von der Dritvik-Bucht aus Dutzende von Booten zum Fischfang hinaus auf das Meer. Bis zu 400 Menschen lebten an diesem Küstenabschnitt, der heute völlig verlassen ist. Nur noch Ruinen und die Überreste gestrandeter Schiffe sind zu sehen. Wer zur See fahren wollte, musste einen der vier seit Generationen am Strand liegenden Steine heben – 140 Kilogramm waren gefordert. Mindestens!

SCHWINDENDE EISWELT

Der Gletscher des Snæfellsjökull reicht bis knapp unterhalb des Gipfels des gleichnamigen, 1446 Meter hohen Berges. Hier treffen Feuer und Eis aufeinander, schlummert in der Tiefe doch ein Vulkan, der vor 1800 Jahren zum letzten Mal ausgebrochen ist. ▽▽

FEUERFELSEN

Überreste eines am Strand der Vestmannaeyjar gestrandeten Schiffs zerfallen langsam am Strand. 1983 brach der Vulkan Eldfell auf Heimaey aus und veränderte das Aussehen der Insel. Sowohl der Strand der Vestmannaeyjar △ als auch die Felsnadeln von Valahnúkur auf der Halbinsel Reykjanes sind vulkanischen Ursprungs – und schwarz. ▷

Als Odin und seine Brüder Wili und We einmal am Meeresstrand entlanggehen, finden sie zwei an Land gespülte Baumstämme. Sie nehmen die Stämme und schaffen Menschen daraus. Odin ist es, der ihnen Leben einhaucht, so dass sie selbst atmen und leben können. Wili gibt ihnen Verstand und Bewegung. We gibt ihnen Antlitz, Sprache, Gehör und Gesicht. Sie geben ihnen Wärme und Farbe. Die Asen geben dem Mann den Namen Ask und der Frau den Namen Embla. Von ihnen stammen alle Menschen ab.

Die Schaffung der Menschen in der nordischen Mythologie

Im Jahr 1000 wurde auf dem Althing in Þingvellir
das Christentum zur Staatsreligion erklärt.
Die alten heidnischen Götter durften aber zunächst
weiter verehrt werden.
Dann wurde das Gesetz erklärt, dass alle Menschen
Christen seien und die Taufe annehmen müssten,
die zuvor hier in diesem Land nicht getauft worden waren.
Aber das Aussetzen von Kindern, zusammen mit dem
Essen von Pferdefleisch, würde im alten Gesetz bleiben.
Die Menschen mussten im Geheimen Opfer bringen,
wenn sie eine dreijährige Verbannung vermeiden wollten,
falls sie dabei beobachtet werden.
Einige Jahre später wurde diese heidnische Praxis
ebenso wie die anderen weggenommen.

Aus dem *Íslendingabók*,
dem ältesten bekannten Geschichtswerk Islands

DER LEGENDENBERG

Ein Motiv, aber unterschiedliche Impressionen: Der Stratovulkan Snæfellsjökull ▷ beeindruckt mit unterschiedlichen Lichtstimmungen. Die kleine Kirche an seinem Fuß fügt sich dabei perfekt ins Landschaftsbild ein. ▽▽

FÄRÖER

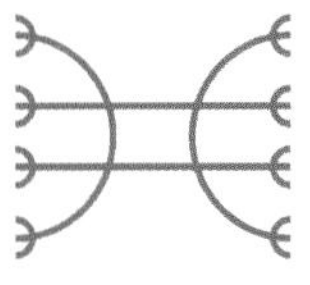

FUNKELNACHT AM MULAFOSSUR

Im Westen von Vágar stürzt der Wasserfall Mulafossur 30 Meter senkrecht in die Tiefe. Der Legende nach sollen kleine Zwerge rund um den Wasserfall leben.

ABGELEGENE SAGENWELT IM NORDATLANTIK

18 größere Inseln mitten im Atlantik irgendwo zwischen Norwegen und Island, außerdem etliche kleinere Eilande und Schären: Das sind die Färöer-Inseln. Gut 50 000 Menschen und 80 000 Schafe leben auf einem Boden, der vor 60 Millionen Jahren von Vulkanen geschaffen wurde. Das Wetter ist aufgrund der Lage äußerst wechselhaft. An rund 300 Tagen im Jahr regnet es auf mindestens einer der Inseln, ein leichter Luftzug ist fast immer zu spüren, des Öfteren starker Wind oder ab und an auch ein ausgewachsener Sturm. Trotz der Lage im Nordatlantik zwischen Norwegen und Island wird es im Winter hier nie eisig kalt, im Sommer dafür aber auch nie richtig warm oder gar heiß. Schuld daran ist der Golfstrom, der den Archipel umfließt. Bäume gibt es hier fast keine, dafür aber viel Grün. Die Färöer sind von Grasland bedeckt, weshalb auch die Schafzucht lange Zeit wichtigster Wirtschaftszweig war. Und wo die Inseln nicht saftig-grün sind, changiert die Farbe zwischen Grau und Schwarz – dort, wo Felsen steil aus dem Meer aufragen und veritable Steilküsten bilden oder Felsgipfel in den windzerzausten Wolkenhimmel ragen.

WIKINGER ALS BESIEDLER

Heute gehören die Färöer zu Dänemark, haben jedoch eine autonome Verwaltung. Schon um das Jahr 300 lebten hier die ersten Menschen, wie Funde auf der Insel Sandoy ergeben haben. Allerdings ist immer noch unklar, woher diese ersten Siedler kamen. Später sollen einige irische Mönche dort gelebt haben. Dann, im 9. Jahrhundert, segelten die Wikinger mit ihren seetüchtigen Booten nach Westen und legten in den Buchten der Färöer an. Laut der Färingersage, der vermutlich im 13. Jahrhundert von einem Schüler Snorri Sturlusons verfassten ältesten Quelle zur Geschichte der Inselgruppe in der Wikingerzeit, war es ein Mann namens Grimur Kamban, der sich um 825 in Finnungur auf der Insel Esturoy niederließ. Man geht heute davon aus, dass diese ersten Siedler vor der Tyrannei der norwegischen Herrscher flüchteten.

Ende des 9. Jahrhunderts kamen weitere neue Siedler, diesmal jedoch aus Schottland und Irland. Schon um 900 wurde der Althing auf den Färöern gegründet und damit zum ältesten bis heute bestehenden Parlament der Welt. Der färöische Wikingerhäuptling Sigmundur Brestisson (961–1005) hat vermutlich um 999 auf Wunsch des norwegischen Königs Olav Tryggvason die Christianisierung der Inselgruppe eingeleitet. Seine Untertanen folgten diesem Ansinnen jedoch nicht ganz freiwillig. Nachdem Brestisson in einem ersten gütlichen Versuch gescheitert war, wandte er bei seinem zweiten Versuch Gewalt an. Erfolgreich!

Jahrhundertelang hatten die norwegischen Herrscher auf den Färöern das Sagen, dann kamen aufgrund der Doppelmonarchie die Dänen ins Spiel, ersetzten unter König Christian II. den katholischen durch den lutherischen Glauben. Als Norwegen 1814 Teil des schwedischen Königreichs wurde, verlor das Land auch seinen Einfluss auf den Färöer-Inseln. Seitdem gehört der Archipel zur dänischen Krone, erlangte jedoch Mitte des 20. Jahrhunderts Autonomie.

TEIL DER NORDISCHEN MYTHOLOGIE

Die Geschichte der Besiedlung der Färöer hat dazu geführt, dass die Menschen dort von der Sagen- und Götterwelt der nordischen Mythologie stark beeinflusst waren. Schließlich hatten zumindest die ersten Siedler ihre Geschichte und ihre Geschichten aus Norwegen, Schottland oder Irland mit auf die Inseln gebracht und pflegten sie dort in der Isolation. Deshalb sind viele Motive in den Legenden von den Färöern auch in den Geschichten aus eben jenen Ländern zu finden, aus denen die Siedler stammten. Bis in das 19. Jahrhundert hinein wurden die alten Geschichten im Allgemeinen nur mündlich weitergegeben, oft als *kvæði* genanntes Lied oder traditionelle Ballade. Es ging um alte Sagen, aber auch um wirklich Erlebtes, was mitunter natürlich ausgeschmückt wurde. Dadurch sind diese Legenden oft an einzelne Plätze oder an Menschen gebunden.

Grímur Kamban war der erste Mann,
der sich auf den Färöern niederließ.
Das war in den Tagen Harald Schönhaars,
als viele Menschen vor seiner Herrschsucht flohen.

Färingersaga (notiert um 1300)

Grasbedeckte, aus großen Steinen gebaute Hütten am Leitisvatn,
dem größten See der Färöer △

Gleich in der Nähe des Flughafens wird man auf das Nykur stoßen, ein im Wasser lebendes Untier, das wie ein Pferd mit nach innen gekehrten Hufen aussieht und seinen Opfern einen nassen Tod beschert. Denn wer sich auf seinen Rücken setzt, um trocken über einen Bach oder Fluss zu kommen, klebt auf diesem fest und wird mit dem Nykur in der Tiefe verschwinden. Es verlor allerdings seine Macht, wenn man seinen Namen aussprach – so wie ein kleiner Junge am See Sørvágsvatn, der seinen Bruder rufen wollte, allerdings aus Versehen statt Niklas Nykur sagte und das Fabelwesen dadurch vertreiben konnte.

DER BAUER UND DIE ROBBENFRAU

Zu den bekanntesten Legenden der Färöer gehört die des *Kópakonan*, der Robbenfrau. Robben galten früher als Menschen, die im Ozean Selbstmord begangen hatten. Einmal im Jahr, in der 13. Nacht, durften sie an Land kommen, ihr Fell abstreifen und sich in Menschengestalt vergnügen. Eines Nachts wollte ein junger Bauer aus Mikladalur wissen, ob diese Geschichte stimmt, und legte sich am Strand auf die Lauer. Er sah eine große Zahl von Robben näherkommen, die in Richtung Küste schwammen. Sie robbten an den Strand, entledigten sich ihrer Felle und legten sie vorsichtig auf die Steine. Nun sahen sie wie ganz normale Menschen aus. Ein besonders schönes »Mädchen« fiel dem jungen Mann ins Auge, als sie sich ihres Fellkleids ganz in der Nähe des Felsens entledigte, hinter dem der Voyeur sich versteckt hatte. Als die Robbenfrauen zu tanzen begannen, nahm er das Fell und sah dem lustigen Treiben weiter zu. Bei Sonnenaufgang schlüpften die Robbenfrauen wieder in ihre Felle. Nur eben nicht die Auserwählte des Bauern, die das gute Stück zwar riechen, aber nicht sehen konnte. Der Bauer präsentierte ihr sein Diebesgut, wollte es aber trotz ihrer verzweifelten Bitten nicht zurückgeben. So folgte sie ihm zur Farm, sie wurden ein Paar und bekamen Kinder. Seine Beute schloss er in einer Truhe ein – wohl wissend, dass er seine Frau verlieren würde, sobald diese wieder in den Besitz ihres Fells kommen würde. Eines Tages ruderte er zum Fischen aufs Meer, hatte jedoch den Schlüssel für die Truhe vergessen. Er legte sich kräftig in die Riemen, doch in sein Haus zurückgekehrt war seine Frau verschwunden, saßen nur noch die Kinder am Tisch. Natürlich hatte die Robbenfrau ihr Fell gefunden und sich trotz Familie für das Leben im Meer entschieden.

DIE ROBBENFRAU

Kalsoy gehört zu den sechs Nordinseln der Färöer und besteht eigentlich nur aus einem 18 Kilometer langen und maximal drei Kilometer breiten Bergrücken, an dessen flacherer Ostküste ein paar kleine Siedlungen liegen. In Mikladalur wurde 2014 eine Robbenfrau-Statue aufgestellt, die bisher auch den stärksten Brechern widerstehen konnte und an eine der bekanntesten Sagen der Färöer erinnert – die *Kópakonan* (Robbenfrau)-Legende, auf die in der Einleitung zu den Färöern eingegangen wird. ▷

Kann sich nicht kontrollieren,
wie eine Robbe, die ihr Fell sieht.

Sprichwort von den Färöern

WOLKENKRATZER

Der 767 Meter hohe Berg Skælingsfjall auf Streymoy galt einst als höchste Erhebung des Archipels. Heute weiß man, dass der Slættaratindur (»flacher Gipfel«) mit 880 Metern die höchste Erhebung der Färöer ist.

Das Dorf Skælingur bestand aus zwei Höfen, die durch ihre freie Lage Unwetter und Orkan schutzlos ausgeliefert waren. Es lag aum Fuße des Berghanges, am Sund zwischen Streymoy und Vagár.

Amy Fuglø, *Eine färöische Kindheit*

NORDWELTEN

Der Villingadalsfjall überragt den Ort Viðareiði, in dem der Sage nach einst die »Böse Beinta« gelebt haben soll. Ihr wird vorgeworfen, ihre ersten beiden Ehemänner ins Grab gebracht und den dritten in den Wahnsinn getrieben zu haben. Sie galt außerdem als Hexe. Ob das den Tatsachen entspricht oder das wirkliche Vorbild, die Pfarrersfrau Bente Christine Broberg, einfach nur eine selbstbewusste Frau war, ist unklar. Immerhin gilt sie als die bekannteste historische Frau der Färöer, deren Filmfigur sogar eine Briefmarke gewidmet wurde.

TROLLFINGER

Trøllkonufingur – (»Trollweibsfinger«) – heißt diese markante Felsnadel, die an der Südküste von Vágar in den Himmel ragt. Der Legende nach ist dieser mehr als 300 Meter hohe Felsen der Finger einer Hexe, die vor langer Zeit auf die Färöer kam, um die Inseln in Richtung Island zu werfen. Bevor ihr dies gelang, ging die Sonne auf, die Hexe erstarrte zu Stein und stürzte ins Meer. Sie war jedoch so groß, dass ihr Finger immer noch weit über die Wasseroberfläche ragte. Ihr Hinterkopf bildet die Nachbarinsel Koltur. Bestiegen worden sein soll die Felsnadel 1844 von einem Begleiter des dänischen Königs. Als Kronprinz Frederik unten vorbeisegelte, winkte ihm sein Untertan zu und kletterte anschließend wieder herunter. Dort angekommen, bemerkte er, dass er einen Handschuh auf dem spitzen Gipfel vergessen hatte. Er stieg wieder hinauf, um diesen zu holen – und stürzte dabei zu Tode.

WOLKEN-MEER

In silbrigem Glanz erscheint das Meer rund um Koltur. Auf der zweitkleinsten Insel der Färöer lebt heute gerade einmal ein Mensch. Ab dem 16. Jahrhundert gab es hier zwei größere Siedlungen, deren Bauernhäuser zu den wichtigen kulturhistorischen Sehenswürdigkeiten gehören. △

SCHAUMKRONEN IM ABENDLICHT

Ein abziehender Regenschauer hinterlässt ein aufgewühltes Meer, die Wellen schlagen schäumend an die Felsen. Es sind Bilder wie diese, die die Fantasie der Menschen anregen, die Geschichten in den Köpfen entstehen lassen, die von Generation zu Generation weitergegeben wurden. Und wer würde angesichts dieser fantastischen Lichtstimmung nicht an übernatürliche Wesen denken? ▷

AUFSTREBENDER MYTHOS

Stóri Drangur und – dahinter liegend – Lítli Drangur heißen die beiden markanten Felsen auf Vágar. Im Hintergund ist die Insel Tindhólmur zu erkennen.

Es gibt eine andere Gruppe von kleinen Inseln,
fast alle durch enge Wasserstraßen voneinander getrennt.
Dort haben fast hundert Jahre lang Eremiten gelebt,
die aus unserem Land, Irland, gekommen waren. (…)
Jetzt sind sie von unzähligen Schafen und
diversen Seevögelarten bevölkert.
Ich habe diese amtlich erwähnten Inseln nie gefunden.

Dicuil, *Liber de mensura orbis terrae* (825)

UNGESTÜMER

Auch bei Tag verliert der Mulafossur nichts von seiner mystischen Ausstrahlung. Und das ganz besonders an einem stürmischen Tag, an dem die Wolken über die Berge fegen und die Wogen schäumend an die steilen Klippen schlagen. Es ist ein Tag, an dem Thor, der nordische Gott der Seefahrer und des Wetters, seine Macht zeigt. Er gilt als der stärkste des Göttergeschlechts der Asen und lebt in seinem Palast Bilskomir mit 540 Sälen. Zur Seite gestellt werden Thor oft zwei Ziegenböcke, die seinen Wagen ziehen und Sinnbild seiner Kraft sind. △

KONTRASTREICH

Der Fossa ist mit seiner Fallhöhe von 140 Metern einer der höchsten Wasserfälle der Färöer. Nach starken Regenfällen – die bei 300 Regentagen im Jahr doch recht häufig sind – breitet sich der Wasserfächer über viele Meter aus, während bei der zugegeben seltenen Trockenheit das Wasser nur auf wenigen Metern Breite in die Tiefe fällt. Gespeist wird er von den Vatnfelli-Bergen, deren Wasser in den See Vikarvatn strömt. ▷

SPIELWIESE FÜR WICHTE

Wegen des wechselhaften Wetters tragen die Färöer auch den Beinamen »Das Land von vielleicht«. Knapp 1300 Millimeter beträgt der Jahresniederschlag, es regnet im Durchschnitt an mehr als 200 Tagen im Jahr. Das ist auch der Grund dafür, dass an vielen Stellen kleine Bäche in Richtung Meer glucksen und die Wiesen immer grün sind.

WELTENTEILER

Wolken zerren an den Gipfeln, die niedrig stehende Sonne strahlt die senkrechten Klippen an der Nordspitze der Insel Kalsoy an und lässt die sanfter geneigten, mit Gras bewachsenen Partien ungemein plastisch erscheinen. In dieser großartigen Szenerie ist der an exponierter Stelle gebaute rot-weiße Leuchtturm Kallur leicht zu übersehen. Das nur wenige Meter hohe Gebäude weist seit dem Jahr 1927 den Kapitänen und Steuermännern den Weg rund um die Klippen im Norden der Insel. Der weniger lichtstarke Vorgängerbau war 1893 errichtet worden.

RISIN UND KELLINGIN

Risin und Kellingin sind zwei Felsen, die an der nördlichen Küste der Insel Eysturoy nur wenige Meter entfernt von der Steilküste aus dem Meer ragen. Der »Riese« ist 71 Meter hoch, die Hexe – in manchen Geschichten auch die Frau des Riesen – drei Meter niedriger und näher an Land. Um die beiden Felssäulen rankt sich eine traurige Geschichte. Der Legende nach lebten einst Riesen in Island. Und die wollten die Färöer ein wenig näher bei sich haben und schickten zwei der ihren über den Atlantik, die bald den nordwestlichsten Berg der Färöer erreichten. Während der Riese im Wasser blieb, kletterte seine Begleiterin an Land. Der Plan war, die Inseln mit einem starken Tau zusammenzuziehen und auf den Rücken des Riesen zu laden. Doch dabei spaltete sich der Fels in zwei Teile, weitere Versuche scheiterten. Die Inseln ließen sich nicht bewegen. Bei all ihren Versuchen bemerkten sie nicht, dass die Dämmerung einsetzte und die Sonne ihre ersten Strahlen über den Horizont sandte. Urplötzlich erstarrten die beiden zu Stein, wie es Riesen eben passiert, die vom Sonnenlicht getroffen werden. Seitdem steht das Paar im Meer und starrt in Richtung ihrer Heimat – Island. Noch. Denn Geologen fürchten, dass Kellingin in absehbarer Zeit bei einem Wintersturm ins Meer fallen wird.

*Das Klima der Inseln ist frei von extremer Hitze oder Kälte,
und der Winter ist viel milder, als man es angesichts der
geographischen Breite annehmen würde.
Das liegt an der Nähe des Meeres zu allen Seiten und
teilweise vielleicht am Golfstrom, der hier vorbeifließt.
Schnee bleibt selten tagelang liegen,
außer in den höchsten Lagen der Berge.
Im Sommer verschwindet dort auch der Schnee,
mit Ausnahme von einigen schmutzigen Flecken.*

Samuel Rathbone, E. H. Greig,
Reise mit der Yacht Maria zu den Färöer, 1854

Blick auf den Funningsfjørður auf der Insel Eysturoy ▷

LICHTSYMBIOSE

Die goldenen Strahlen der Sonne tauchen die Insel Borðoy für einen kurzen Moment in ein magisches Licht. Wie Pyramiden wirken die über 800 Meter hohen Gipfel, die die Erosion einem Künstler gleich aus dem Gestein herausmodelliert hat. Borðoy ist die größte der Nordinseln der Färöer. Das geschützt an einer Bucht liegende Árnafjørður gilt als einer der ersten Orte, der auf den Färöern besiedelt wurde. Oberhalb der Siedlung markiert knapp 300 Meter über dem Meer ein Felsblock die einstige Thingstätte der Nordinseln in Katlarnir, in der unter anderem auch Recht gesprochen und so über das Schicksal der frühen Bewohner entschieden wurde.

BERAUSCHEND

Ein kleiner Bach strömt über die Felsen hinunter zum Meer, wird sich dort mit dem Wasser des Ozeans vereinigen. Ein Symbol für die Verbindung der Färinger zu dem sie immer umgebenden Element, das ihnen Lebensgrundlage war, aber auch den Tod brachte, wenn aufziehende Stürme die Fischer in ihr nasses Grab nahmen oder die Boote an den steil aufragenden Klippen zerschellen ließ. Diese enge Beziehung spiegelt sich in der Sage um die Robbenfrau (*Kópakonan*) wider. ▽▽

SCHOTTLAND

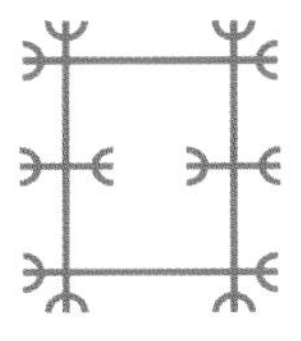

LAND IM LICHT

Erdrutsche haben die Landschaft von Quiraing auf der Isle of Skye geformt. In dieser abgelegenen Landschaft sollen die Bauern ihr Vieh vor den Wikingern versteckt haben.

MYTHEN ZWISCHEN RUINEN UND MEERESKÜSTEN

Abgelegene Täler, durch die kleine Bäche gurgeln, dunkle Felswände, an denen nicht viel mehr wächst als Moose und Flechten; schroffe Klippen, an denen sich die Meereswogen mit einem gewaltigen Rauschen brechen. Und dann noch tiefe, dunkle Seen, über denen die Reste alter Burgen thronen. Es ist nicht viel Fantasie nötig, um in Schottland vielerorts Geister und Fabelwesen zu entdecken, die immer wieder in zahlreichen Sagen und Mythen auftauchen.

Da gibt es Kelpies, die im Landesinneren an Wasserläufen leben und in Gestalt eines Pferdes Menschen anlocken. Wer dem Lockruf der edlen Tiere folgt und sich auf ihren Rücken setzt, wird in den Sumpf oder ins Wasser entführt, eine Flucht ist unmöglich. Es soll zudem Kelpies geben, die in Gestalt einer schönen Frau ihre Opfer suchen und finden. Die Selkies dagegen leben an der Küste und sehen den überall verbreiteten Kegelrobben ähnlich. Oder sind es in Tiere verwandelte Menschen, deren Klagen und Heulen immer wieder zu hören ist? Dann sind da noch Feen wie Baobhan-Seidh, die so lange mit Reisenden tanzt, bis diese erschöpft zusammenbrechen und von der Tanzwütigen ausgesaugt werden. Oder Poltergeister wie Mackenzie, der auf dem Greyfriar-Friedhof in Edinburgh »lebt«. Zeugen schwören Stein und Bein, im Mausoleum von einer geheimnisvollen Macht an eine Wand gedrückt worden zu sein, andere verspürten eine kalte Hand an ihrem Körper.

NESSIE ALS TOURISTENMAGNET

Nicht jedes dieser Wesen ist jedoch böse. Der Brownie zum Beispiel ist ein zwar dreckiger, aber gleichwohl lieber Hausgeist, der den Bauern und den Kindern hilft, wo immer er kann. Über Süßigkeiten freut er sich, Beleidigungen vergisst er jedoch nie und rächt sich mit kleinen Gemeinheiten. Schließlich gibt es noch das Einhorn, das stolze und reine Nationaltier der Schotten, das als Symbol für heldenhafte Taten steht und sogar als offizielles Wappentier gilt, nachdem es wohl vor 500 Jahren zum ersten Mal in dieser Funktion auftauchte. Allerdings gelten freie Einhörner als gefährlich, weshalb ihnen in den Darstellungen oft eine Kette um den Leib oder die Läufe geschmiedet wurde.

Und dann ist da freilich noch Nessie. Gut 1500 Jahre ist es her, dass ein drachengroßes Wesen aus einem Gewässer in der Nähe von Inverness gestiegen sein soll und einen Bauern verspeiste. So zumindest ist es in einer alten Quelle niedergeschrieben. 1934 bannte ein Arzt aus London zum ersten Mal das Monster – oder was auch immer es war – auf Zelluloid. Seitdem wurde immer wieder behauptet, das einem Dinosaurier ähnliche Wesen beobachtet zu haben. Egal, ob Nessie nun wirklich existiert oder nicht – Schottland und vor allem der Gegend um Loch Ness bescherte der Mythos Nessie eine große Zahl von Touristen.

Geister leben natürlich überall: an lauschigen Bächen, in den Wäldern, auf den Klippen am Meer und geschützt hinter Felsen in den Highlands. Und natürlich in den Burgen – oder dem, was von ihnen übrig geblieben ist. Im Braemar Castle spukt eine schöne blonde Frau umher, die frisch verheiratet von ihrem Mann verlassen wurde und danach Selbstmord verübte. Im Castle Fraser treibt eine ermordete Frau ihr Unwesen, deren Leichnam die Treppe heruntergezogen wurde, bevor sie beerdigt wurde. Ihr Blut lässt sich nicht von den Stufen entfernen. Und im Schloss von Edinburgh ist gleich eine Vielzahl von Geistern unterwegs, darunter seit 1960 ein kopfloser Schlagzeuger und ein Flötenspieler. Allerdings konnte ein Spuk in Skibo Castle gestoppt werden, nachdem die entdeckten Knochen – vielleicht die einer jungen Frau – beerdigt worden waren.

WURZELN IN DER KELTISCHEN MYTHOLOGIE

Doch woher lassen sich die alten Sagen und Geschichten ableiten? Weit im bisweilen unwirtlichen Norden mit all seinen Wetterunbilden hat die wechselhafte Natur die Menschen stark beeinflusst. So lässt

FEEN-FÄLLE

Könnten sich Feen einen schöneren Platz zum Leben aussuchen? Wohl kaum! Über etliche kleine Kaskaden plätschert das kristallklare, türkis schimmernde Wasser des Glen Brittle bei Carbost aus den umliegenden Cuillin-Bergen ins Tal. Schlicht märchenhaft. Weitere Plätze in der Region tragen den Namen Fairy. Der Grund dafür soll sein, dass einst einer der Clanführer der MacLeods eine Fairy Princess, also eine Feenprinzessin, auf der Insel geheiratet haben soll.

Feen, kommt, bringt mich aus dieser trüben Welt,
Denn ich würde mit dir im Wind reiten,
oben auf der zerzausten Flut,
Und wie eine Flamme auf den Bergen tanzen.

William Butler Yeats, *The Land of Heart's Desire*, 1894

alljährlich im Winter die Göttin Beira das Land bei Sturm und Regen erstarren und verhindert, dass zartes Grün den Erdboden durchdringt und wächst, Mensch und Tier damit Nahrung beschert. Auch an den zahlreichen Flüssen und Bächen lebten Götter, die den Gewässern ihre Eigenschaften gaben – mal als lautlos, mal als reinigend beschrieben wurden. Nicht vergessen darf man den Mythos rund um die Artussage, die ihre Ursprünge vermutlich in der Zeit der Völkerwanderung Mitte des 1. Jahrtausends nach Christus hat und in etlichen Abwandlungen erzählt wird.

SAGENHAFTE SCHRIFTSTELLER

Vor allem die 2000 Jahre alte keltische Mythologie hat in der Sagenwelt Schottlands ihre Spuren hinterlassen. Es gab Götter – vor allem Göttinnen – für nahezu jeden Zweck. Solche, die für das Land verantwortlich waren, in dem die Menschen lebten, andere bestimmten über die Fruchtbarkeit oder das Wetter, auch über den Jagderfolg. Die Druiden waren schließlich die Verbindung zwischen dem Übernatürlichen und dem normalen Alltag des Menschen, waren deshalb hoch angesehen, bisweilen auch gefürchtet. Dieses Sammelsurium aus spannenden Sagen, der mächtigen Natur und historischen Ereignissen hat viele Schriftsteller zu ihren Werken inspiriert oder ihnen als Vorlage gedient. Dazu gehört Walter Scott (1771–1832), der Motive für seine historischen Romane aus der schottischen Geschichte geholt und sich mit seinen Werken vor allem um die Highlands verdient gemacht hat. Nicht umsonst bekam er den Beinamen »The Wizard of the North« (»Der Zauberer des Nordens«), und das in einer Zeit, in der er seine Werke noch anonym veröffentlichte. Sein erstes Werk, der 1814 publizierte Roman *Waverley*, drehte sich um den letzten Aufstand der Jakobiten, die gegen das in London auf dem Thron sitzende Haus Hannover rebellierten.

Andere wie Robert Burns (1759–1796) haben ihre Inspiration vor allem aus der Natur geholt. Der Schotte – der auch im Scots-Dialekt schrieb – nahm für viele seiner Werke sich selbst als Ausgangspunkt, seine Ängste, seine Freuden, seinen Freiheitsdrang. Oft waren die Highlands das passende Ambiente für seine Gedichte und Erzählungen, deren Motive sogar von zeitgenössischen Rockbands wie Jethro Tull oder Steeleye Span aufgenommen wurden. Burns bekanntestes Werk ist das von ihm nach einem alten Lied niedergeschriebene Lied *Auld Lang Syne*, das traditionsgemäß zum Jahreswechsel gesungen wird, um der Verstorbenen zu gedenken.

VERWUNSCHENER PFAD

Ein schmaler Weg führt durch einen der schottischen Wälder. Diese entstanden nach dem Ende der Eiszeit, viele Bäume sind jedoch in der Vergangenheit der Säge zum Opfer gefallen. ▷

Niemand in Schottland kann der Vergangenheit entkommen. Sie ist überall und quält die Menschen wie ein Geist.

Geddes MacGregor, schottischer Autor

MYTHOS HIGHLANDS

Ein regnerischer Tag in den Highlands. Schwarze Wolken ziehen schnell über das Land, werden von den Gipfeln der Berge auseinandergerissen. Plötzlich öffnet sich die Wolkendecke einen kleinen Spalt, für wenige Sekunden tastet ein Sonnenstrahl die von Felsen durchsetzten grünen Wiesen ab wie ein Suchstrahl einer außerirdischen Macht. Kein Wunder, dass gerade im schottischen Hochland mit seiner im wahren Wortsinne überwältigenden Landschaft eine Fülle von Sagen und Legenden entstanden ist.

Eine der traurigsten ist die Sage um den Clan der MacDonalds, der in Glen Coe beheimatet war und Ende des 17. Jahrhunderts im Kampf um die Krone den katholischen König James gegen seinen protestantischen Widersacher König William unterstützte. Dessen Soldaten nutzten die für die unwirtlichen Highlands typische Gastfreundschaft aus und quartierten sich – in Zivil gekleidet – für einige Tage in den Häusern der MacDonalds ein, bevor sie eines Nachts über ihre freundlichen Gastgeber herfielen.

Viele starben in ihren Betten, andere erfroren auf der Flucht in der kalten Winternacht im Gebirge. Nur wenige Clan-Mitglieder überlebten. Ihre Nachfahren pilgern bis heute am 13. Februar zu einem in Erinnerung an das Massaker errichteten Denkmal und legen dort eine Krone ab.

RUINE IM RAHMEN

Langsam, aber stetig nagen Wind und Regen an den ziemlich genau sechs Jahrhunderte alten Mauern von Kilchurn Castle. Dessen Gründer, Colin Campbell of Glenorchy, hatte hier um 1420 einen ersten Wohnturm errichtet, aus dem nach und nach eine stattliche Burg wurde. Nicht Kämpfe, sondern ein durch einen Blitzschlag ausgelöster Brand machten dem idyllisch auf einer Halbinsel am Loch Awe gelegenen Bauwerk den Garaus, der verbliebene Turm wurde durch einen Wintersturm im Jahr 1879 hinweggefegt – ein für schottische Verhältnisse schon beinahe friedliches Ende des einst stolzen Bauwerks.

LANDLIEBE

Das vergleichsweise milde Klima Schottlands bietet den Kühen jede Menge frisches Gras. Gleichwohl gibt es in Schottland nach Ansicht des schottischen Komikers Billy Connolly nur zwei Jahreszeiten: Juni und Winter.

SCHWARZER RIESE

Sula Bheinn, so der gälische Name des Suilven, ist nicht der höchste Berg im Norden Schottlands. Doch dank seiner markanten Silhouette gehört der 731 Meter hohe Berg zu den bekanntesten Gipfeln in den Highlands. »Pfeilerförmiger Berg« nannten ihn die Normannen, als sie im frühen Mittelalter von See her in Richtung Land kamen, um es zu besiedeln. Wie ein Kegel erhebt sich beim Blick von Nordwesten seine Sandsteinkappe aus den umgebenden Mooren. Wesentlich unspektakulärer wirkt er für den, der sich aus anderen Himmelsrichtungen nähert.

GRAZILE FESTUNG

Sie ragen aus der Landschaft wie die Mauern einer zerstörten Festung, bewacht vom Old Man of Storr, der 48 Meter hohen Felsnadel im rechten Teil des Fotos. Diese wurde erst 1955 von zwei britischen Bergsteigern bezwungen, die die Kletterei wegen des brüchigen Gesteins als sehr schwierig bezeichneten. Das ist auch der Grund, warum es seitdem nicht sehr viele Nachahmer gegeben hat. Legenden besagen, dass einige der Felsformationen einst Menschen waren, die durch Zauber in Stein verwandelt wurden.
Tatsächlich ist der Old Man of Storr nur der Daumen eines Riesen, der auf Trotternish gelebt hat. Als er starb und in den Bergen beerdigt wurde, gab es nicht genügend Erde, um auch den Daumen unter die Erde zu bringen. ▽▽

IM SCHATTENREICH

Mystisch wabert der Morgennebel um die Flanken des Suilven, wird er von den ersten Sonnenstrahlen des beginnenden Tages in rötliches Licht getaucht. △

GRÜNZEUG

Alles ist im Fluss – sogar die Erde. Gras und Büsche bedecken die Wunden, die die Erosion in die Landschaft gerissen hat. In diesem Gewirr sollen die Menschen ihr Vieh versteckt haben, als die Wikinger sich dem Strand näherten und mordend und plündernd durch die Dörfer zogen. Leicht verständlich, dass in einer solchen Landschaft viele Mythen entstanden sind. ◁

WELLENSPIEL

In der schottischen Sagenwelt sind die »Each Uisge« bekannte Gestalten. Diese Wasserpferde leben an den Lochs und den Küsten und gehören zu den gefährlichsten Wassermonstern. Die Fabeltiere warten am Ufer darauf, dass ein Mensch sie besteigt, um sich dann mit ihrem Opfer von dannen zu machen und es auf dem Meer oder an der tiefsten Stelle des Lochs zu verspeisen – nur die Leber bleibt übrig. Entkommen ist zwecklos, denn auf dem Rücken der Each Uisge befindet sich eine klebrige Substanz. Mit einer List soll es aber einst einem Schmied von der Insel Raasay gelungen sein, ein solches Wesen zu fangen und zu töten. Übrig war am Morgen darauf nur ein Haufen glibberigen Schleims.

SCHWARZSEHER

Nur noch ein paar Minuten verbleiben bis zum nächsten Regenschauer. Wolkentürme bauschen sich über den Ruinen der ehemaligen Burg Ardvreck auf △, die Abendsonne schimmert auf den feuchten Klippen an der Meeresküste der Isle of Skye. Die Gewässer rund um den Archipel sind gefährlich, viele Schiffe versanken bei Stürmen oder im Nebel. ▷
Manchmal sind es auch böse Hexen, die die Boote auf Grund schicken. Auf der Isle of Skye gibt es die Sage, dass eine junge Frau bei schönstem Wetter ein Schiff untergehen ließ, weil es ihre Aussicht störte. Der dabei anwesende Vater nahm flugs einen Spaten und erschlug zuerst sein Kind, dann auch die Mutter, von der das Mädchen diese Gabe geerbt hatte. Retten sollte man die Besatzung, so hieß es vor Jahrhunderten, nicht. Die Männer wurden vielmehr als Gabe an die Meeresgötter gesehen.

Das Meer nimmt das Leben des Retters anstelle des Geretteten.

Alte Sage aus Peterhead aus dem 20. Jahrhundert

LICHTERMEER AM EILEAN DONAN CASTLE

Mal eine Halbinsel, mal – wenn die Flut kommt – eine Insel. Der Platz, auf dem das Schloss Eilean Donan Castle gebaut wurde, ist nicht nur aufgrund seiner Lage am Loch Duich in der Nähe des Ortes Dornie ein ganz besonderer. Gewidmet wurde das kleine Eiland in Sichtweite der Isle of Skye dem irischen Heiligen Bischof Donan, der um das Jahr 580 nach Schottland kam. Anfang des 13. Jahrhunderts haben vermutlich Mitglieder des Clans der Mackenzies of Kintail mit dem Bau einer Burg begonnen, um die im Laufe der Jahrhunderte immer wieder gestritten wurde. 1719 wurde die von spanischen Truppen besetzte Anlage durch die Kanonenkugeln dreier Fregatten der Royal Navy im Jakobineraufstand in Schutt und Asche gelegt. In der ersten Hälfte des 20. Jahrhunderts wurde Eilean Donan Castle zu großen Teilen originalgetreu wieder aufgebaut. Bis heute sollen die Geister spanischer Soldaten durch das Gemäuer spuken. Auch Meerjungfrauen leben gemäß alter Sagen hier.

SCHOTTISCHES PARADIES

Das Wetter wechselt in Schottland sehr schnell. Auch an einem lauschigen Sonnentag kann sich binnen Minuten ein veritabler Sturm entwickeln. Gerade für die Menschen, die in den Dörfern an der Küste vor allem vom Fischfang lebten, war das Wetter für ihr Auskommen wichtig. Ganz im Norden Schottlands sollen Sturmhexen leben, die nicht nur über Sonne und Regen, sondern auch über den Wind herrschen. Das ließ sich die Sturmhexe aus dem Dorf Scouri gut bezahlen. Doch als ein Fischer, dem sie mit dem *Geasan* bezeichneten Zauberspruch günstigen Wind beschert hatte, seinen Obolus nicht bezahlen wollte, ließ sie dessen Schiff bei der nächsten Ausfahrt an den Klippen zerschellen. Sie war flugs auf ihren Berg geklettert und hatte die Windrichtung komplett gedreht. Seitdem traute sich keiner der Fischer mehr, der Sturmhexe den geforderten Lohn zu verweigern. ▽▽

MÄRCHENSOMMER

Gleißend hell scheint die Sonne auf die noch jungen Blätter knorriger Bäume. Robert Burns hat den Bäumen in seinem Gedicht *Tree of Liberty* ein literarisches Denkmal gesetzt. △
Vorlaute Landzunge: Wagemutig schiebt sich ganz im Westen der Isle of Skye die Landzunge des Neist Point ins Meer. Von hier aus sind bei guter Sicht die Äußeren Hebriden mit den Inseln Benbecula und South Uist als Silhouette zu sehen. Dazwischen liegt der Minch, eine sagenumwobene Meerenge zwischen den Inneren und Äußeren Hebriden. Hier sollen die »Blue Men of the Minch« leben, Wasserdämonen, die Ausschau nach Seeleuten halten, um diese mitsamt ihrer Boote in ihr nasses und tödliches Reich hinabzuziehen. ▷

Bis alle Meere trocken sind, meine Liebe,
Und die Felsen schmelzen mit der Sonne;
Ich werde dich immer noch lieben, meine Liebe,
während der Sand des Lebens laufen soll.

Robert Burns, schottischer Dichter

DIVINE LANDS

Die Weite der Highlands △ steht in krassem Gegensatz zu dieser wilden Schlucht. ▷
Über Jahrtausende hat sich dieser Bach in das Gestein gefräst. Das Wasser fließt über Felsterrassen zu Tal, das Rauschen hallt von den Felswänden wider. An Plätzen wie diesen verstecken sich laut schottischem Volksglauben die Kelpies, Wesen, die in der keltischen Mythologie in Gestalt eines Pferdes eine bedeutende Rolle spielen. Kelpies werden dem Menschen gefährlich, wenn er ihnen – auch wortwörtlich – auf den Leim geht und sich über den Fluss oder Bach tragen lässt. Auf dem klebrigen Rücken festsitzend ziehen die Fabelwesen ihr Opfer in die Tiefe und verspeisen es.

TIEF VERSUNKEN

Das Tal (Glen) des Flusses Coe war in der Erzählung des schottischen Schriftstellers James Macpherson die Heimat von Fingal, einem keltischen Kriegshelden, der auch die Wikinger besiegte. Deshalb findet man überall noch Namen, die in Bezug zu Fingal stehen. Die Idee, das prägnante, von bis zu rund 1000 Meter hohen Bergen umstandene Tal als Kulisse für Geschichten zu verwenden, hat sich bis in die Neuzeit fortgesetzt. Hier wurden Filme wie »Highlander – Es kann nur einen geben«, James Bonds »Skyfall« und »Der Gefangene von Aksaban« der Harry-Potter-Reihe gedreht. ▽▽

IRLAND

LICHTBLICK AM MURDER HOLE

Ein Sonnenstrahl erleuchtet die Boyeeghter-Bucht auf der Halbinsel Rosguill.

INSEL VOLLER MYTHEN UND LEGENDEN

Irland steckt nicht nur voller Lieder, die gerne abends in den Pubs gesungen werden. Die Insel hat auch einen ganzen Schatz an alten Sagen, Mythen und Erzählungen. Das ist auch die Meinung des Journalisten und Buchautors Frank Delaney. Der hielt einmal fest:

> *»Jedes Feld in Irland erzählt eine Geschichte, über jeden Berg gibt es eine Legende. Jeder Fluss ist gesäumt von Sagen … Geschichten zu erzählen ist die nationale Kunstform Irlands.«*

Natürlich wurden die Geschichten zumindest früher vor allem von den Barden und Poeten – den sogenannten Filid – mündlich weitergegeben. Schließlich fehlte Kelten und Gälen eine ausgeprägte Schriftkultur. Das änderte sich, als im frühen Mittelalter Mönche auf die Insel kamen oder Iren selbst zu Mönchen wurden. Nun wurden die Sagen und Legenden niedergeschrieben, bisweilen mit christlichen Motiven vermischt. Denn in der keltischen Vergangenheit liegen die Wurzeln der irischen Mythologie.

Das *Book of Ballymote*, eine mehr als 600 Jahre alte Sammlung von historischen und literarischen Texten, beschreibt unter anderem das Leben des Heiligen Patrick, klärt über die Verwandtschaftsverhältnisse verschiedener Clans und Könige auf und beinhaltet sogar eine Art »ABC für Schüler«. Aufbewahrt wird dieser historische Schatz in der Royal Irish Academy in Dublin. Noch älter ist das *Book of Leinster*, das um 1160 entstanden ist und die mittelalterliche Literatur und Mythologie in Irland zum Thema hat. Das *Lebor na hUidre* (*Buch der dunkelfarbigen Kuh*) ist noch früher auf Pergament gebracht worden und entstand um 1100 im Kloster Clonmacnoise am Fluss Shannon. Bestandteil dieser ältesten Handschrift sind Gedichte und Legenden, beispielsweise die Reise Mael Dúins zu einigen mythischen Inseln.

Die irische Mythologie ist bisweilen ganz schön kriegerisch, schildert verschiedene Eroberungen sowie Auseinandersetzungen um Macht und Landbesitz der verschiedenen Clans. Eine der größten Schlachten der irischen Sagenwelt soll bei Ardee am Fluss Dee in der Grafschaft Louth getobt haben. Hier kämpfte Ferdia – ein Krieger der Connacht – auf Geheiß seines Königs gegen den mächtigen Cú Chulainn. Dabei waren die beiden Kontrahenten zusammen aufgewachsen und eigentlich beste Freunde. Drei Tage lang schlugen sie aufeinander ein und fügten sich Wunden zu, die nachts versorgt wurden. Wie die Geschichte ausging, kann man heute auf einer Brücke über den Fluss sehen. Dort gibt es eine Statue, die den toten Ferdia in den Armen Cú Chulainns zeigt.

HELDEN UND HEILIGE

Einleuchtend, dass dabei immer wieder Helden eine Rolle spielen. So wie Cú Chulainn, eine Figur, die sich der keltischen Mythologie zuordnen lässt. Ihm werden übermenschliche Kräfte zugeschrieben, als Fünfjähriger soll er 150 Knaben besiegt haben, später in der Luft schwebend zu kunstvollen Schwertschlägen und Speerwürfen fähig gewesen sein – und das auch, weil er sich im Kampf in ein wutverzerrtes Wesen verwandelt haben soll. Er starb, weil seine Feinde ihm Hundefleisch servierten, was ihn schwächte.

Auch Familienfehde gab es, wie die berühmte Geschichte der Kinder Lirs zeigt. Diese Figur verkörpert in mittelalterlichen Sagen das Meer und zeugt mit seiner Frau Aobh vier Kinder. Doch diese stirbt bei der Geburt. Daraufhin lässt sich Lir mit ihrer Schwester ein, die den Nachwuchs aus Eifersucht in Schwäne verwandelt. 900 Jahre verbrachten die Geschwister der Legende nach am Lough Derravaragh in Westmeath vor der Küste von Mayo, dann wurden sie zeitgleich mit der Ankunft des Christentums erlöst und starben.

Nicht vergessen werden darf natürlich der Nationalheilige der Insel, Sankt Patrick, dem bis heute in jedem Jahr am 17. März gedacht wird. Er lebte vermutlich im 5. Jahrhundert und gilt als erster christlicher Missionar auf der Insel. Viele seiner geschilderten Taten lassen

TRÜGERISCHE IDYLLE

Im County Mayo soll vor 3000 Jahren eine gewaltige Schlacht stattgefunden haben, bei der das mythische Volk der Fir Bolgs und das der Göttin Danu, Tuatha De Danann, um die Vorherrschaft kämpften.

Sag' es ihm, jenem Herzen des Stolzes,
dem Herrscher von Lochlin: Cuchullin weicht nicht!
Ich biet' ihm die dunkelblaulichte Rückfahrt über den Ocean,
oder hier Gräber für all sein Geleit an!

Ossian, *Fingal*

sich jedoch historisch nicht belegen. So soll er in einer Predigt Irland von Schlangen befreit haben, obwohl es dort diese giftigen Reptilien niemals gegeben hat.

ALLES WIRD GUT – TÍR NA NÓG

Natürlich ist die irische Sagenwelt auch bevölkert von Wesen, die im Alltag der Menschen eine Rolle spielten. Zur »Anderswelt« wird das »kleine Volk« gezählt, die Leprechauns. Diese Kobolde gehören zu den Naturgeistern und wurden alten Quellen zufolge im 8. Jahrhundert zum ersten Mal gesichtet. Dargestellt werden sie meist als kleine Männchen, die in folkloristischer Kleidung des 19. Jahrhunderts gekleidet sind und einen großen grünen Hut tragen. Laut den alten Erzählungen verstecken die Leprechauns ihr Gold, das sie als Schuhmacher für die Feen verdient haben, am Ende des Regenbogens. Dann galoppieren auch noch Pookas umher, die als mit Ketten behängtes Pferd vor allem nachts unterwegs sind und Böses im Schilde führen. So werden die Pooka für kaputte Zäune und erkrankte Tiere auf der Weide verantwortlich gemacht. Und Sorgen machen sollte man sich auch, wenn einem eine Banshee über den Weg läuft. Denn diese Feen, die mal als junge Frau, stattliche Hausdame oder auch als Greisin auftreten, künden vom bevorstehenden eigenen Tod. Zudem spuken Revenants umher, die Seelen der Toten, die als Mensch, Tier oder gar Nebel zur Erde zurückkehren mussten, um dort ihre Schuld zu begleichen. Angesichts all dieser sagenhaften Gefahren kann man sich glücklich schätzen, wenn man irgendwann im Tír na nÓg endet, dem Paradies der irischen Sagenwelt.

SCHLANGENALLEE

Seit den »Games of Throne«-Filmen ist die Allee The Dark Hedges im County Antrim kein Geheimtipp mehr und zieht die Besucher magisch an. Seit Jahrhunderten wachsen hier Buchen am Straßenrand und säumen den Weg zum Herrenhaus Gracehill. Der Legende nach erscheint der Geist der »Gray Lady« immer wieder entlang der Baumreihe. Er soll die Tochter des Hausherrn von Gracehill, James Stuart, oder eine der Hausangestellten sein, die unter mysteriösen Umständen ums Leben kam. ▷

Wenn mich jemand nach dem Charakter der Iren fragt, sage ich, schau dir die Bäume an: verkrüppelt und zufällig gewachsen, aber wild und hartnäckig.

Edna O'Brien, irische Schriftstellerin

ZERFALLENE HERRSCHAFT

Auf einem Basaltfelsen im Norden Irlands sind nur noch die Ruinen der mittelalterlichen Burg Dunluce Castle erhalten geblieben. »Dún Lios«, starke Festung, heißt das Gemäuer auf Irisch und zeigt damit, welch wehrhaftes Gebäude einmal Eindruck bei potenziellen Eroberern und Räubern machte. Als Ende des 16. Jahrhunderts vor der Küste ein spanisches Schiff sank, wurde es geplündert, mit den Einnahmen renovierten die damaligen Burgherren ihr Gemäuer. Tragisch: 1639 soll die Küche des sehr exponiert gelegenen Gebäudes in einer stürmischen Nacht mitsamt Personal in die Tiefe abgerutscht sein.

ÜBERBLEIBSEL

Ein Sturm kündigt sich am Crohy Head auf der Mullaghmullan Halbinsel an. Ein letztes Wolkenloch lässt die Strahlen der Sonne auf die glitzernden Steine am Ufer fallen. Schon im Schatten liegen die aus dem Meer ragenden Felsen. In der irischen Mythologie befindet sich hinter der neunten Welle der Zugang zu einer anderen Welt. Imramma ist eine heilige Seereise, die die Menschen in der irischen Mythologie in die magische Welt der Götter führt. ▽▽

IM LAND DER KOBOLDE

Im Südwesten Irlands im County Cork erheben sich die Berge im Killarney-Nationalpark bis auf Höhen über 1000 Meter. Zu Füßen dieser McGillycuddy's Reeks spiegelt sich der rötlich erleuchtete Himmel auf dem Wasserspiegel eines Sees. Die Kombination aus Bergen, Seen, Wäldern und Wasserfällen zeichnet diese einzigartige – und unter Schutz stehende Region – aus. Kaum verwunderlich, dass in dieser mystisch erscheinenden Landschaft laut alter Sagen Kobolde leben sollen, die Leprechauns, die in der irischen Mythologie zu den Naturgeistern gehören. Sie fertigen nicht nur Schuhe, sondern wissen auch um den Topf voller Gold am Ende des Regenbogens.

HIMMELSSTRASSE

Geradewegs in den Himmel scheint diese kleine Straße in Donegal zu führen. Dorthin, wo die keltischen Götter residieren, allen voran der Göttervater Dagda. Der trägt, so eine gern verwendete Beschreibung, einfache Kleidung und hat außerdem stets einen riesigen magischen Knüppel dabei. Und der ist so schwer, dass er ihn auf Rädern hinter sich herziehen muss. Mit ihm kann der »Gute Gott«, wie es auf Irisch heißt, Feinde niederstrecken, aber auch neues Leben schaffen. Noch ein praktisches Utensil wird ihm oft zur Seite gestellt: ein Kessel, der ständig mit Speisen gefüllt ist.

ZERFALLENE MACHT

Die drei Türme – oder besser: deren Überreste – von Dunlough Castle haben dem nördlichsten Punkt der Mizen-Halbinsel im County Cork ihren Namen gegeben: Three Castle Head. Schon 1207 wurde die Festung von Donagh O'Mahony gebaut, was sie zu einer der ältesten normannischen Burgen im Süden Irlands macht. Der Platz war ideal, gab es doch auf der einen Seite einen See, der Süßwasser spendete, auf der anderen Seite garantierten steile, zum Meer hin abfallende Klippen Schutz. Rund um das alte Gemäuer geistern viele Geschichten. So soll eine weiß gekleidete Frau um die Ruine irren. Wer ihr begegnet, wird bald sterben – so wie ein gewisser Kean Mahony, dem dieses Schicksal vor langer Zeit widerfuhr. Und von den Mauern des Hauptturms soll täglich ein Tropfen Blut heruntersickern, der von den letzten Bewohnern der Burg stammt. Sie wurden ermordet oder richteten sich selbst. △

WÄCHTER DER BERGE

Die rauen Felsen kontrastieren wunderbar mit den weichen Formen fließenden Wassers und den weichen Moospolstern. Wer würde sich in einer solchen Landschaft wundern, wenn er auf Leprechauns trifft, die zu den Naturgeistern gehören. ▷

WOLKENUMKRÄNZT

Wolken ziehen über den Connor Pass auf der Dingle-Halbinsel im County Kerry. Auf der mit 456 Metern über dem Meer höchstgelegenen Passstrecke Irlands sind die Spuren der eiszeitlichen Vergletscherung überall zu sehen. Die Felswände sind wie mit einer gigantischen Schleifmaschine glatt geschliffen, in Toteislöchern und Karen haben sich kleine Seen gebildet, die bei Sonne tiefblau und freundlich, unter einer dichten Wolkendecke jedoch grau und bedrohlich erscheinen. Der Sagenheld Fionn Mac Cumhail soll einer alten Legende nach einen Felsblock auf einen das Volk terrorisierenden Riesen geworfen und diesen unschädlich gemacht haben. Der Brocken liegt heute noch nahe dem Flüsschen Abha Mac Feinne.

SCHÄFCHENHIMMEL

Schafe sind in Irland allgegenwärtig. Gleichwohl spielen sie in der Sagenwelt der Insel keine herausragende Rolle. An Heiligabend sollen sie, wie alte Quellen vermitteln, sich in Richtung Osten aufstellen und dreimal verbeugen. Von Mitternacht bis Sonnenaufgang sollen sie sogar sprechen können. All das aber nur, solange keine Menschen in der Nähe sind. In der irischen Mythologie ist Brigid Herrin über Cirb, einen kastrierten Schafbock, dem König aller Schafe auf der Insel. Dazu gehören auch die sieben magischen Schafe der Sagengestalt Manannán. Sie sollen, so die Legende, genügend Wolle produzieren, um damit alle Menschen auf der Welt einzukleiden.

ROT WIE BLUT

Majestätisch thronen die Ruinen von Minard Castle auf den Felsen oberhalb der Kilmurry Bay. Oliver Cromwell belagerte mit seinen Soldaten im Jahr 1650 die Festung und zerstörte sie fast bis auf die Grundmauern. Keiner der Bewohner überlebte den Angriff. △

RUNDE SACHE

Neben den Ruinen von Minard Castle hat die Kulmurry Bay noch eine weitere Besonderheit. Unterhalb der steilen Klippen leuchten kleine und große, aber immer rundliche Steine im Licht der Sonne. Die Meereswellen haben im Laufe von Jahrtausenden aus schroffen, oft auch scharfkantigen Felsen diese Gesteinsbrocken geformt, denen eines gemeinsam ist: Sie haben keine Ecken und Kanten mehr. ▷

AM ABGRUND

Der Blick auf die mehr als 200 Meter aus dem Meer ragenden Cliffs of Moher im County Clare ist schlichtweg atemberaubend. Auf den Felsen bei Hag's Head gab es einmal eine steinerne Befestigungsanlage, die Moher O'Ruan genannt wurde und den bekanntesten Steilklippen Irlands ihren Namen gab. Rund um die Felsen kursieren eine Reihe von Sagen. Eine berichtet von der Hexe Mal, die sich unsterblich, aber auch unglücklich in den bedeutenden Krieger Cú Chulainn verliebte. Trotz seiner Ablehnung verfolgte sie ihn durch ganz Irland und stürzte an den Cliffs of Moher zu Tode. Ihr Profil ist bis heute zu erkennen – es sind die Felsen Hag's Head.

SAND-LAND

Der Boyeeghter-Strand, auch als »Murder Hole Beach« bekannt, liegt bei Downings im County Donegal. Der unzugängliche Küstenabschnitt begeistert mit steilen Felsen, Dünen und kleinen Höhlen. ▽▽

AUS DER MODE

Die Brandung hat die Felsen bei Crohy Head, einem einsamen Küstenstreifen auf der Mullaghmullan Halbinsel, so geformt, dass daraus die Felsformation der »The Breeches« entstanden ist. So werden Hosen bezeichnet, die am Oberschenkel weit sind und unterhalb der Knie dicht anliegen.

FANAD HEAD LIGHTHOUSE

Ein ganzes Stück wagt sich Fanad Head hinaus in die Wogen des Atlantiks. An der Spitze ragt seit 1817 der Leuchtturm 22 Meter in den irischen Himmel. Fünf Jahre zu spät für die Fregatte Saldana, die 1812 an den Klippen der Halbinsel zerschellte und sank. Der einzige Überlebende war der Schiffspapagei, auf dessen silbernem Halsring der Name des Schiffs verzeichnet war. Ein weiteres Schiffsunglück ereignete sich 1917, als das britische Kriegsschiff SS Laurentic hier in der Nähe auf zwei Minen traf und sank. An Bord hatte es 3211 Goldbarren mit einem Wert von mehr als 400 Millionen Euro. 22 dieser Goldstücke sollen immer noch in dem Wrack sein ...

NAHRHAFTE KLIPPE

Die Erosion knabbert unaufhörlich an der Steilküste des County Mayo, schafft Formen wie Blaslöcher, die im Rhythmus der Wogen zu atmen scheinen. Liebhaber spannender Geschichten machen dafür jedoch die Begegnung des St. Patrick mit Crom Dubh verantwortlich, einem Wesen, das in einer Festung am Kliff lebte. Dieses soll versucht haben, den Heiligen zu verbrennen, doch der schlug die Flammen mit einem Stein zurück und schuf damit nicht nur die Blaslöcher, sondern tötete auch den Dämon. △

SCHWINDELBLICK

Im Meer vor den Cliffs of Moher soll es einer anderen Legende nach eine Insel mit einem Königreich gegeben haben. Es versank in den Fluten, nachdem der König den goldenen Schlüssel verloren hatte, der die Türen zu seinem Schloss öffnete. Die Insel soll alle sieben Jahre zeitweise wieder die Wasseroberfläche durchstoßen, bevor sie erneut versinkt. ▷

Das verschwundene Königreich wird dann wieder aus dem Meer auftauchen, sobald der goldene Schlüssel wieder gefunden wird.

Alte Sage

VERSTRAHLT

Die Strahlen der Sonne brechen durch das dichte Blätterdach an den Cranny Falls nahe der Küste nördlich von Belfast und beleuchten die von Wasserdampf gesättigte Luft an den Wasserfällen. Ob Lugh sich hinter einem Baum versteckt? Das ist der Sonnengott aus der keltischen Mythologie, der von den beiden großen Urvölkern Irlands abstammt, den Fomorern und den Tuatha de Danann. Er steht mit seinem Namen für Lughnasadh, das Fest der Ernte, und gilt als eine der höchsten Gottheiten des alten Irland.

Wie können sich Menschen durch die Demütigung ihrer Mitmenschen geehrt fühlen?

Inschrift auf dem Denkmal zur Erinnerung
an die »Doolough Tragedy«
nach einem Satz von Mahatma Gandhi

QUELLE FÜR FANTASIE

Eine kleine Straße führt durch das Doolough-Tal an der irischen Westküste. Es ist eingebettet zwischen hohe Berge, gibt aber trotzdem zwei Seen Platz. Am nördlichen Ende des Tales steht ein Kreuz, das an eine der schlimmsten Episoden in der irischen Geschichte erinnert, die »Doolough Tragedy«. Während der Hungersnot im Jahr 1849 machten sich am 30. März Hunderte vom Hungertod bedrohter Menschen auf den Weg von Louisburgh nach Delphie Lodge, um dort dem Großgrundbesitzer um Unterstützung zu bitten. Der ignorierte das Leiden, worauf sich die geschwächten Menschen auf den Rückweg durch das Doolough Valley machten. Viele von ihnen starben dort an Schwäche und Unterernährung. ▽▽

MEINE REISE ZUM MYTHOS NORDEN

Es war bitterkalt. Die Sterne funkelten am Himmel, und kaum ein Lüftchen wehte vom schwarzen Nordmeer über die Berge. Unter meinen Schneeschuhen knirschte der gefrorene Schnee im fahlen Mondschein und mir war, als würde ich über einen filigranen Scherbenhaufen laufen.

Kaum ein Gefühl mehr in meinen Fingern. Doch beim bloßen Anblick der im Mondlicht schimmernden Schönheit verflog der dumpfe Schmerz sogleich in die Stille. Eine endlose Stille, die mein kreatives Schaffen fördert. Was genau tat ich eigentlich dort?

Das frage ich mich des Öfteren, wenn ich im Winter in der eisigen Kälte durch die wilden Landschaften nördlich des Polarkreises stapfe. Immer auf der Suche nach dem besonderen Moment. Doch halt! Ein kaum wahrnehmbarer grünlicher Schleier zieht am Firmament auf. Ein gutes Zeichen, wie ich von meinen zahlreichen Wintertouren wusste. Mit bloßen Augen noch schwer zu erkennen. Nach einer kurzen Testbelichtung aber schoss wieder Leben in meinen Körper. Abertausende von Zellen begannen gleichzeitig Freude und Aufregung zu verspüren. Ein Kribbeln und Zucken durchfuhr meine Muskeln. Mein Mund verformte sich zu einem sanften Lächeln, und eine Träne kullerte unbemerkt über die Wange. Verrückt, aber genau das stellen Polarlichter mit dir an. Wen wundert es da noch, dass jenes Phänomen zu Zeiten, als eine wissenschaftliche Erklärung noch nicht existierte, den Glauben beeinflusste und die Kreativität des Menschen zu Höchstleistungen beflügelte.

Knapp 2000 Kilometer westlich über dem Nordatlantik liegt abgeschieden in den schottischen Highlands ein Berg, der sich wie ein imposanter Monolith 500 Meter hoch vom umgebenden Hochlandmoor abhebt. Schon von Weitem erkenne ich den Suilven, den »pfeilförmigen Berg«, wie ihn die normannischen Einwanderer tauften. Umgeben von blühender Moorlandschaft thront er unter dunklen Wolken und erinnert mich an ein gestrandetes Geisterschiff.

Mein Ziel ist es, den Berg zu besteigen und oben die Nacht zu verbringen. Kein ganz ungefährliches Unterfangen. Das Wetter ist sehr unbeständig, und starke Winde wehen über den Bergkamm, der wie ein Gipfelgrat kaum Möglichkeiten für ein ruhiges Biwak zulässt. Dieses Abenteuer ist das Risiko jedoch wert. Nach einem langen Marsch durch ein Moorlabyrinth und dem darauffolgenden schwindelerregenden Aufstieg erlebe ich immer wieder kurze »Lichtblicke«, bis schließlich Dunkelheit den Tag verdrängt. Der Wind heult, und um mich herum geht es, nur ein paar Meter entfernt, einige Hundert Meter steil hinab in die Tiefe. Ich fühle mich vom Mythos der Highlands vollends gefangen. Bin jedoch frei, freier denn je zuvor.

Es sind mit Sicherheit auch solche Gefühle, die dazu beitrugen, dass sich in den Regionen des Nordens eine außerordentlich reiche Sagen- und Mythenwelt entwickelte. Menschen, die seit Hunderten von Jahren über unzählige Generationen dort lebten, haben uns ihre Geschichten überliefert. Ein kulturelles Vermächtnis, das es zu schätzen und zu schützen gilt.

Ich könnte noch zahlreiche Abenteuer niederschreiben, doch bin ich platztechnisch ein wenig gebunden. Am besten, Sie blättern wieder und wieder in diesem Buch und lassen die Mystik und Erhabenheit der nordischen Landschaften und ihrer Sagenwelt intensiv und ganz persönlich auf sich wirken.

Stefan Hefele

Der Wind heult, und um mich herum geht es, nur wenige Meter entfernt,
einige Hundert Meter steil hinab in die Tiefe.
Ich fühle mich vom Mythos der Highlands vollends gefangen.
Bin jedoch frei,
freier denn je zuvor.

Stefan Hefele

0 200 km

N

Europäisches

Nordmeer

Kirkjufell
Snæfellsjökull
Hvitserkur
Godafos
REYKJAVÍK
Snækollur
Kerlingarfjöll
Herdubreid
Thingvellir
ISLAND
Markarfljót
Eldfell
Seyðisfjörður
Reynisdrangar

Färöer

Trondheir
Romsdal-
hornet
Midgard
Trollstigen
Trolltindene,
Trollvegen
Jotunheimen
Galdhøpiggen
Shetlandinseln
NORWEGEN
Bergen
Rockall (GB)
Äußere Hebriden
Orkney-
inseln
Hardanger-
vidda
OSLO
Minch
Suilven
Old Man
of Storr
Fairy
Cuillin Hills
Utg

ATLANTISCHER

Loch Ness
Aberdeen
Skagerrak
Katteg
Glasgow
Crohy Head
Edinburgh
Nord-
irland
County
Mayo
GROSS-
Belfast
Ardee
Lough
Derravaragh
Cliffs of Moher
Hag's Head
IRLAND
DÄNEMARK
Nordsee
Leeds
Tír na nÓg
DUBLIN
McGillycuddy's
Reeks
Liverpool
BRITANNIEN

OZEAN

Elbe
AMSTERDAM
DEUTSCH-
LAND
LONDON
NIEDERLANDE

Nordkap
Vesterålen
Inste Kongen
Segla
Ørnfjord
Haltitunturi
Ukonkivi
Lofoten
Narvik
Stetind
Sapmi
kenstraumen
Luleå
SCHWEDEN
Bottnischer Meerbusen
Karelien
Koli
FINNLAND
Onega-
see
Ladoga-
see
HELSINKI
SANKT
PETERSBURG
Gamla
Uppsala
Småland
STOCKHOLM
TALLINN
ESTLAND
RUSSLAND
Oka
Gotland
LETTLAND
RIGA
MOSKAU
Öland
Ostsee
KOPENHAGEN
LITAUEN
Bornholm
VILNIUS
Rügen
MINSK
WEISSRUSSLAND
POLEN
ERLIN
Oder
WARSCHAU
UKRAINE
Don
Villingadalsfjall
Eysturoy
Fugloy
Kellingin
Mikladalur
Vatnfelli
Slættaratindur
Svinoy
Streymoy
Múlafossur
Waterfall
Vestmanna
Vestmannasund
Skælingsfjall
Trøllkonufingur
Vágar
Vágafjørður
Torshavn
Sandoy
Suðuray
0
15 km
FÄRÖER

ORTSREGISTER

A
Akranes 103
Åndalsnes 34
Antrim 206
Ardee 204
Ardvreck-Burg 190
Árnafjørður 168
Asgard 14, 24, 26, 60
Äußere Hebriden 196

B
Belfast 228
Benbecula 196
Bifröst 14, 86
Blahylur Crater Lake 130–131
Borðoy 168–169
Boyeeghter-Bucht 202–203, 221–223
Braemar Castle 174
Bruarfoss-Wasserfall 130

C
Carbost 175
Castle Fraser 174
Cliffs of Moher 220–221, 226–227
Clonmacnoise-Kloster 204
Connor Pass 216
County Clare 221
County Cork 212, 214
County Donegal 221
County Kerry 216
County Mayo 204, 205, 226
Cranny Falls 228–229
Crohy Head 208–209, 224
Cuillin-Berge 175

D
Dingle-Halbinsel 216
Djúpalónssandur-Strand 136–137
Donegal 213
Doolough-Tal 228, 229–230
Dornie 192
Downings 221
Dublin 204
Dunlough Castle 214
Dunluce Castle 209

E
Edinburgh 174
Eilean Donan Castle 192–193
Eldfell 140
Eldhraun 115–116
Eldhraun-Lavafeld 118–119
Erfjord 54
Esturoy 148, 165

F
Fairy 175
Fanad Head 225
Finnungur 148
Fjäll, Fjell 24, 62
Fossa-Wasserfall 160–161

G
Galdhøpiggen 36
Gamla-Uppsala 60
Glen Brittle 175
Glen Coe 178, 199
Gluggafoss-Wasserfall 120
Godafos (»Wasserfall der Götter«) 121
Gullfoss-Wasserfall 135

H
Hag's Head 221
Háifoss-Wasserfall 114–115
Haltitunturi 80
Hardangervidda 35
Heddal 29
Heimaey 125, 140
Hekla-Vulkan 97, 112, 115
Herdubreid 128
Highlands 174, 176–179, 198, 232
Höga Kusten 71
Hvítserkur 102–103
Hyperborea 14

I
Idafeld 128
Inari-See 86
Innerdalen 30–31
Innere Hebride 196
Inste Kongen 40–41
Inverness 174
Isle of Skye 18, 173, 190, 196

J
Jämtland 72
Jotunheimen 36–37

K
Kalevala 80, 82, 86
Kalsoy 150, 163
Karelien 81, 82
Katlarnir 168
Kellingin 164–165
Kerlingarfjöll 110, 118, 128–129
Kilchurn Castle 180
Killarney-Nationalpark 212
Kilmurry Bay 218
Kirkjubæjarklaustur 118
Kirkjufell 132, 134–135
Koli 82, 84–85
Koltur 155, 156
Kulmurry Bay 218–219
Kylling bru 28–29

L
Laki-Krater 118
Landmannalaugar 96–97, 130, 133
Leitisvatn-See 149
Lítli Drangur 158–159
Ljungby 62
Loch-Awe-See 180
Loch Ness 14, 174
Lofoten 26, 42, 46

Abendstimmung in der irischen Grafschaft Mayo. △

London 174, 176
Lough Derravaragh 204
Louisburgh 228
Lyngenfjord 48, 50

M
Markarfljót-Fluss 112
McGillycuddy's Reeks 212
Mefjord 52
Midgard 14, 24, 60
Mikladalur 150
Minard Castle 218
Minch 196
Mizen-Halbinsel 214
Moskenstraumen 46
Mulafossur-Wasserfall 146–147, 160
Mullaghmullan 209–211, 224

N
Narvik 66
Neist Point 196–197
Norbotten 67
Nordland (»Pohjola«) 80

O
Ódádahraun-Lavafeld 107–109
Old Man of Storr 18–19, 182, 183–185
Ørnfjord 26–27
Orkney-Inseln 14
Okshornan 54, 56–57
Östersund 72

P
Pallastunturi-Nationalpark 78–79
Peterhead 190
Pielinen-See 82, 84
Þingvellir 142

Q
Quiraing 172–173

R
Raasay 188
Reykholt 98
Reykjanes 107, 140
Reykjavík 107
Reynisdrangar 100
Reynisfjara-Strand 100–101
Risin 164–165
Romsdalen 15, 25, 38
Romsdalhornet 40
Rondane-Nationalpark 30, 31–32
Rosguill 203
Rouen 26

S
Sandoy 148
Sapmi 82
Scouri 193
Segla 52
Senja 26, 40, 52
Seyðisfjörður 100
Skalafellsjökull 123
Skælingsfjall 152
Skælingur 152
Skibo Castle 174
Slættaratindur 152
Småland 60, 62
Snæfellsjökull 124, 137–139, 142–143
Snæfellsnes 124–125, 132, 137
Snækollur 110
Snæland (Schneeland) 98
Sørvágsvatn-See 150
South Uist 196
Stetind 50–51
Stiklestad 26
Stora-Sjöfallet-National-park 58–59, 62–63, 70
Stóri Drangur 158–159
Storsjön-See 72
Strandir 103
Streymoy 152
Suilven (Sula Bheinn) 182–183, 187, 232
Svionerna-Reich 60

T
The Dark-Hedges-Allee 206–207
Thingvellir 98
Thule 14, 99
Tindhólmur 158–159
Tír na nÓg 206
Torneträsk 66
Trøllkonufingur 154–155
Trollstigen 34
Trolltindene 25, 38
Trollvegen 38
Trotternish 182
Tysfjord 50

U
Ukonkivi 86
Ulvön 71
Utgard 14, 24

V
Vágar 147, 152, 155, 158
Valahnúkur 140–141
Valldal 34
Vättern-See 62
Vatnfelli 160
Vatsnes 103
Vestmannaeyjar 125–127, 140
Vestrahorn 112–113
Vík 100
Vikarvatn-See 160
Villingadalsfjall 153
Viðareiði 153
Vøringsfossen-Wasserfall 35

W
Westmeath 204

IMPRESSUM

Verantwortlich: Linda Weidenbach
Satz und Layout: VerlagsService Gaby Herbrecht
Lektorat: Rosemarie Elsner
Kartografie: Huber Kartographie, Heike Block
Repro: Ludwig:media
Korrektorat: Stefanie Hoppe
Umschlaggestaltung: Nina Andritzky, Helene Schumacher
Herstellung: Bettina Schippel
Printed in Italy by Printer Trento S.r.l.

Sind Sie mit diesem Titel zufrieden? Dann würden wir uns über Ihre Weiterempfehlung freuen.
Erzählen Sie es im Freundeskreis, berichten Sie Ihrem Buchhändler, oder bewerten Sie beim Onlinekauf. Und wenn Sie Kritik, Korrekturen, Aktualisierungen haben, freuen wir uns über Ihre Nachricht an Frederking & Thaler Verlag, Postfach 40 02 09, D-80702 München oder per E-Mail an lektorat@verlagshaus.de.

Unser komplettes Buchprogramm finden Sie unter

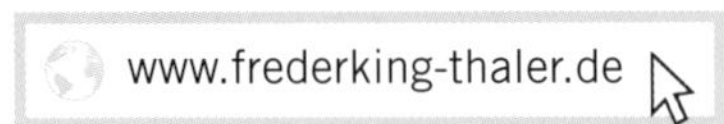

Alle Angaben dieses Werkes wurden von den Autoren sorgfältig recherchiert und auf den neuesten Stand gebracht sowie vom Verlag geprüft. Für die Richtigkeit der Angaben kann jedoch keine Haftung übernommen werden. Sollte dieses Werk Links auf Webseiten Dritter enthalten, so machen wir uns die Inhalte nicht zu eigen und übernehmen für die Inhalte keine Haftung.

Die Deutsche Nationalbibliothek verzeichnet diese Publikation in der Deutschen Nationalbibliografie; detaillierte bibliografische Angaben sind im Internet über http://dnb.d-nb.de abrufbar.

Textnachweis:
Alle Texte stammen von Thomas Krämer, außer: Stefan Hefele: S. 232/233.

Bildnachweis:
Alle Bilder stammen von Stefan Hefele außer:
Thomas Krämer: S. 58/59, 61, 63, 64/65, 70, 71, 72, 73, 74, 75, 76/77, 81, 84/85, 86,87

Umschlagvorderseite: Der Wasserfall Glymur im Westen Islands mit Blick in die tiefe Schlucht .
Umschlagrückseite: In der Polarnacht flackert das Nordlicht über den nord-norwegischen Himmel.
S. 1: Ein Sturm treibt den Schnee über das norwegische Fjell.
S. 2/3: Die alten Häuser von Saksun auf den Färöer sind eins mit der Landschaft.
S. 4/5: Vulkane haben die farbenfrohe Landschaft von Landmannalaugar in Island geschaffen.
S. 6/7: Die Abendsonne beleuchtet einen Gipfel der verschneiten Lyngsalpen in Nordnorwegen.
S. 8/9: Zarte Pastelltöne dominieren den Himmel und die Felsen von Benwee Head in Irland.
S. 10/11: Ein abziehender Regenschauer lässt im Zusammenspiel mit der Sonne einen Regenbogen über der Insel Vágar entstehen.
S. 12/13: Reynisdrangar-Felsen in Südisland bei Vík í Mýrdal.
S. 238/239: Regenschauer an der isländischen Südküste.

ISBN 978-3-95416-267-3